1800

Teatre de la Natura.
Teatre de la Ciutat

Antoni Rovira i Virgili
Teatre de la Natura.
Teatre de la Ciutat

Pròleg de Joaquim Molas

Edició a cura de Montserrat Corretger

Disseny de la coberta: Miquel Puig

Teatre de la Natura
   Sisena edició (primera dins d'aquesta col·lecció): maig del 2000
Teatre de la Ciutat
   Segona edició (primera dins d'aquesta col·lecció): maig del 2000

© 1999 Hereus d'Antoni Rovira i Virgili

Drets exclusius d'aquesta edició:
ECSA
Diputació, 250
08007 Barcelona
e-mail: proa@grec.com
www.enciclopedia-catalana.com

ISBN: 84-8256-990-2
Dipòsit Legal: B. 22.125-2000
Fotocomposició: Edilínia, S.L.
Impressió: Romanyà/Valls
Verdaguer, 1
Capellades (Barcelona)

La reproducció total o parcial d'aquesta obra
per qualsevol procediment, comprenent-hi la
reprografia i el tractament informàtic, o la
distribució d'exemplars mitjançant lloguer i
préstec resten rigorosament prohibides sense
l'autorització escrita de l'editor i estaran sotmeses
a les sancions establertes per la llei.

Nota editorial

Per primera vegada es publiquen aplegats els dos llibres d'Antoni Rovira i Virgili Teatre de la Natura *i* Teatre de la Ciutat.

A l'estiu del 1928 veié la llum el Teatre de la Natura, *on Rovira i Virgili reunia una selecció d'articles apareguts durant els anys vint a* La Publicitat. *Sense que l'autor s'ho hagués proposat, molts dels seus escrits tenien –com deia ell mateix–* «*un lligam íntim que els donava una essencial unitat*»*. Calia només classificar-los perquè esdevinguessin matèria per a diversos llibres. Aquesta nova edició reprodueix fidelment la primera (La Mirada, 1928), respectada exactament en la segona (Mèxic, 1947), publicada en vida de l'autor amb un pròleg que pel seu interès també reproduïm.*

El Teatre de la Ciutat *fou pensat per Antoni Rovira i Virgili el mateix any 1928. Des de* La Publicitat, *Domènec Guansé n'anunciava el projecte –molt proper al* Teatre de la Natura *però arrelat al món ciutadà– per a l'inici de la tardor.*[1] *La publicació, tanmateix, fou duta a terme trenta-cinc anys després –el 1963– per l'editor de Barcino, Josep M. de Casacuberta, que en féu la selecció antològica i l'organitzà amb la col·laboració d'Antoni i Teresa Rovira i Comas, fills de l'autor. Tal com indica la* «*Nota editorial*»*, els articles aplegats havien aparegut com a editorials en els diaris barcelonins* La Publicitat *i* La Nau *entre els anys 1924 i 1929. En aquesta nova edició hem suprimit tres articles, més aviat circumstancials i repetitius, i n'hi hem afegit set de nous, un d'ells procedeix del diari* Tarragona. *A més, tenint en compte l'estructura del* Teatre de la Natura *i unes indicacions del mateix Rovira, reportades per Guansé, l'hem organitzat en dues sec-*

---

1. Domènec GUANSÉ, «De com Rovira i Virgili prepara la publicació dels seus llibres», *La Publicitat*, 26-VI-1928.

cions, que hem titulat: CIUTATS I OFICIS *i* DIADES DE L'ANY. *S'han seguit en la present edició els criteris i les orientacions de Joaquim Molas i de Teresa Rovira, que, com en la primera aparició del llibre, ha fornit els materials i la col·laboració personal per poder-lo publicar.*

Estiu del 1999

«Ensems sentia la vocació literària»

Antoni Rovira i Virgili va començar la seva carrera d'escriptor amb un drama de tipus ibsenià, Vida nova, *imprès a Tarragona l'any 1905. I la va clausurar, al cap de més de quaranta anys, amb un llibre de poemes,* La collita tardana, *publicat a Mèxic el 1947, que recull les seves experiències d'exiliat (i que, a vegades, com en l'*Oda a Barcelona, *fa pensar en Verdaguer, d'altres, com en l'*Oda a Tarragona, *en Costa i Llobera, i d'altres, en fi, en Maragall o Guimerà). Tanmateix, el periodisme, va confessar en plena maduresa, «va ésser la meva vocació cabdal». I afegeix: «vaig sentir també aviat la vocació política. Les dues vocacions van convergir en el periodisme polític» i, per extensió, en la relació biogràfica. O en la gran síntesi historiogràfica. I, així, entre un llibre i l'altre, va desenrotllar una prodigiosa activitat en el camp periodístic o historiogràfic i en el polític, que el va dur a treballar en els diaris i revistes més incisius, com* El Poble Català *o* La Publicitat, *i a fundar-ne de nous, com la* Revista de Catalunya *i* La Nau, *que han esdevingut paradigmàtics. I, per un altre costat, a intervenir des de posicions privilegiades en les lluites polítiques, a fundar partits i a ocupar càrrecs de responsabilitat, primer durant la guerra, i després, a l'exili. Ara: Rovira, com els vells clàssics, Tucídides, Tàcit o Maquiavel, va donar, a la seva prosa periodística, política i historiogràfica, una dimensió literària que va més enllà de la idea o del registre de fets, siguin, o no, d'actualitat. I, alhora, va conrear, quan les circumstàncies del carrer ho demanaven, l'article literari pur, vàlid per ell mateix.*

En efecte: Rovira, des de molt jove, va sentir la passió per la lectura. Llegia, diu, «obres de Rousseau, Proudhon, Schopenhauer, Renan, Spenser, Nietzsche, Kropotkin, Jaurés». I, a la vegada, «obres de Shakespeare, Molière, Goethe, Stendhal, Victor Hugo, Leopardi,

Carducci, Ibsen, Björson, Maeterlinck, Sudermann, Hauptmann». Llistes que caldria completar amb alguns noms del país: Pi i Margall, Almirall, Iglésias, Maragall, Alomar, etc. I que, com remarca ell mateix, donen «una idea dels autors més llegits, a principis de segle, per la nostra joventut avançada, mig anarquista i mig catalanista». D'aquí que, com a escriptor, participés en les darreres cuetades, per entendre'ns, modernistes. Per a la «Biblioteca d'"El Poble Català"», per exemple, va reunir el 1905, i amb un títol neutre, Episodis, un conjunt de narracions i d'articles literaris, entre ells, uns «Fulls del calendari barceloní», que reprodueixen alguns dels models més típics del tombant de segle (cf., per comprendre la seva posició, sobretot la de la maduresa, «Pel Passeig de Gràcia», on oposa poesia i prosa i, més en concret, decadentisme i naturalisme crític). Va traduir, per a la mateixa «Biblioteca», La lletra vermella de Hawthorne (1910), i, per al fulletó del diari, La crida del bosc de Jack London (1908; en volum, dins la sèrie «Allò que perdura», de «La Rosa dels Vents», 1938). I, amb el gros de la tropa, si més no, amb alguns dels seus corifeus, va contribuir a l'Homenatge dels catalans a Enrich Ibsen (1960), organitzat per Josep Aladern, amb una prosa en la qual, seguint les directrius de Gabriel Alomar, qualifica l'autor d'Hedda Gabler de «futurista».

Amb el triomf del tàndem Ors-Carner, Rovira, com tants d'altres, des de Puig i Ferrater a Pere Coromines, va haver de reajustar les seves peces i, sense renunciar mai als orígens, però obrint-se a la nova situació, va iniciar una aventura, en molts d'aspectes personal, que, en principi, va ofegar els seus afanys estrictament literaris i que, de forma correlativa, va concentrar tots els esforços en les especulacions doctrinals. O historiogràfiques. Així, d'una banda, va mantenir el seu interès ideològic i, al mateix temps, estètic pel vuit-cents i, més en concret, pel tombant de segle (cf., per exemple, «Els grans catalans del vuit-cents», dins l'Anuari dels Catalans. 1924-1925, reproduït a Siluetes de catalans. O algunes de les «siluetes», entre elles, les dedicades a Apel·les Mestres, Maragall i Xènius). De l'altra, va col·laborar, des de la fila zero, en empreses tan emblemàtiques com «La

Revista», de López-Picó, o «La Mirada», del grup de Sabadell. I, per tant, va coincidir amb la gent del nou-cents en la voluntat de construir una prosa que fos, per dir-ho amb el poeta, «mirall d'ella mateixa»: ajustada, com un guant, als fets i a les idees, rica i massissa, més pròxima, segons Guansé, a l'arquitectura que no a la música i la pintura, però, alhora, amb l'emoció a flor de pell, una prosa lluminosa, directa, «sincera», que, com diu ell mateix, té, sovint, «un lleu to oratori, és a dir, un ritme d'oració, de jaculatòria», fill, «no pas de l'artifici literari, ans de la vibració lírica, que troba en l'estil voluntàriament cenyit una major força d'expressió i de contenció». I que, a través de petites inversions sintàctiques, posa en joc un sistema de relacions analògiques a meitat de camí de la decoració i del suport didàctic, que, fins i tot alguns cops, resulten més o menys abstractes: «el cordó de senegalesos», diu als Darrers dies, «s'obre pel mig com els dos batents d'una porta». O una adjectivació que, en els moments més purs, pren una dimensió poemàtica i fins heràldica (Tarragona, «la blava», Prades, la «vermella», etc.). Amb tot, quina distància no hi ha entre aquesta prosa i la irònica i preciosista de Carner! La barroca i nerviosa de Sagarra! O la més freda i volteriana de Carles Soldevila!

Aquest model de prosa, Rovira el va utilitzar, instrumentalitzant-lo, en les disquisicions ideològiques i historiogràfiques, però el va extremar i, per dir-ho d'alguna manera, depurar en els seus reports memorístics i, sobretot, en un tipus d'article periodístic lliure, només armat d'ell mateix, que, en el fons, suposen la recuperació dels somnis literaris de joventut. Probablement, deixant de banda les Siluetes de catalans, que, el 1929, va començar a aplegar a la Revista de Catalunya amb un títol inspirat, si no m'equivoco, pel d'un recull semblant d'un seu paisà de Reus, i alguns articles dispersos, com «Els cavalls de la pressa», publicat a l'Anuari dels Catalans. 1926, o la «Taula de Nadal», publicada a La Humanitat, del desembre del 1946, els tres grans llibres són el Teatre de la Natura (1928), Els darrers dies de la Catalunya republicana (1940) i el Teatre de la Ciutat, una primera versió del qual va sortir el 1963, sota els auspicis de Josep M. de Casacuberta. Els Darrers dies, que es llegeix amb *el mateix fervor que una novel·la, per exemple, de la* lost generation *i que podria donar lloc a un esplèndid guió per a la TV o per al cinema, constitueix un testimoni dramàtic, minuciós de l'èxode republicà dels primers mesos del 1939. El jo narrador, com perdut, es dilueix dins una multitud, confusa i nerviosa, que va i ve, a la deriva, d'un costat a l'altre, dominada per la por, els rumors i l'egoisme. El testimoni, però, d'un realisme aspre i tallant, pren volada, d'una banda, gràcies a les reflexions, més que sobre la guerra, sobre el destí d'un país derrotat que, malgrat tot, vol mantenir la fe. I, de l'altra, a les constants escapades cap a la descripció de personatges. O de paisatges. I més: cap a la poesia nua i pelada. Ho diu ell mateix: «la soledat muntanyenca ens allunya de l'ambient febrós de l'èxode de les multituds, i sento una emoció nova, suau i penetrant. És una emoció que té puresa i noblesa d'art». I afegeix: «aquest és un d'aquells moments en què el drama esdevé poesia. L'emoció estètica domina el cansament i el neguit». A vegades, com en l'arribada de nit a Cantallops, té la duresa de traç dels vells gravats flamencs. D'altres, la tensió d'un petit poema en prosa:*

> Fa un fred intens. El cel és tot foradat d'estels encesos. En el cim el vent és més fort i quan les ràfegues fan bellugar les branques dels arbres, sembla que també facin bellugar els penjolls d'estels.

El Teatre de la Natura *i* el Teatre de la Ciutat, *llibres que reproduïm en aquest volum, el primer, per sisena vegada, i el segon, en una nova versió, constitueixen, en el fons, un sol discurs. El primer, però, tendeix cap a la síntesi lírica; el segon, per contra, cap a la reflexió teòrica, sense que això suposi caigudes de tensió (cf., sense anar més lluny, «Tarragona, la blava» o l'«Elogi de la palma»). De fet, tots dos, fruit, com els* Darrers dies, *de l'observació directa, giren al voltant de l'home i, més concretament, de les relacions de l'home amb la natura. O, almenys, amb la transformació d'aquesta. Així, en el primer, construeix, amb els materials trets dels seu entorn domèstic, un modest xalet de l'Arrabassada, als afores de Tarragona, una petita* arcàdia, que humanitza i idealitza i, doncs, mitifica la terra, alhora, esquerpa i generosa, el benefici de l'aigua, els arbres, les plantes i els animalons que la poblen. «La bellesa de la natura no és perfecta i total», diu. «En la natura hi ha coses incompletes i coses esguerrades.» I conclou: «l'home ha de col·laborar amb les forces naturals per a encarrilar-les i aprofitar-les en el sentit de la utilitat i la bellesa» (subratllo els dos objectius, utilitat i bellesa, que fan pensar, sobretot, en Joan Alcover). Per això afirma: «bell és el bosc, bell és el jardí», però «més bell és encara l'hort». Deixant de banda el jardí, que, al capdavall, és una creació sense utilitat, «el bosc és, per a l'home, un territori que no està conquerit. Les anades al bosc tenen alguna cosa d'incursió en dominis d'altri. El conreu, i sobretot el regadiu, és terra sotmesa, amb una submissió de confiança i d'afecte». I, en un altre lloc, remarca que «les relacions de l'home i la terra són relacions d'amor. D'amor fecund. L'artigament de la terra verge és un himeneu. El conreu de la terra vella és un llarg amor conjugal». D'aquí que oposi la terra al mar: «la terra és humana, i la mar està fora de la sensibilitat dels homes». I d'aquí que, fins i tot en escenaris tan esplendorosos com el de Prades, l'home posi un punt de dramatisme, trenqui, per dir-ho amb Candel, el paisatge. O que, en ple silenci i en plena divagació, el toc dels tambors en una pedrera el dugui a reflexionar sobre la mort, sobre el no-res: «¿El no-res serà potser un soroll així, un soroll d'un to únic que flueix sense parar?» I que, en una de les proses més belles, «Els fanals de la mar», és a dir, els llums de les barques que treballen de nit, s'endinsi, com Foix, però sense perdre mai les regnes de la realitat, pels camins, si no del somni, del presomni i fins del somieig i basteixi «visions incoherents, en les quals es barregen les reminiscències boiroses i els desigs pregons».

Altrament, Rovira oposa la natura a la «gran ciutat», que, per a ell, és «la més alta creació de l'home damunt la terra». De fet, «al camp predomina la natura; i l'home no fa gaire cosa més sinó domesticar-la per la virtut dels conreus i dels camins. A les viles i a les ciutats petites hi ha barrejats, en parts importants i en certa manera equivalents, l'element natural i l'element humà. La gran ciutat és obra de l'home;

la part de natura que hi trobem és, més que domesticada, esclava, i l'element natural hi és quasi tot mort i aprofitat com a primera matèria». Ara bé, «*l'home és fet per a la convivència amb la natura*» i, per tant, «*la gran ciutat, com a lloc d'estada constant, es converteix en una vasta presó, i la seva influència és depriment i envilidora*». *D'aquí que, quan el progrés, espiritual i material a la vegada, arribi als seus màxims, l'home podrà distribuir el seu calendari entre l'una i l'altra. I, aleshores, assolirà* «*una sana i noble posició d'equilibri entre la pròpia ànima i la natura exterior*». *La ciutat,* «*on els carrers i les places, per llargs i amples que siguin, no són altra cosa sinó passadissos entre les altes cases on la gent es tanca*»*, constitueix una construcció cívica, no merament urbanística. Una construcció espiritual. Així,* «*l'espectacle per excel·lència*» *i la* «*visió més exacta*»*, els dóna la multitud, que, com si fos de goma, sap adaptar-se a la geometria dels espais, per exemple, l'arquitectura rectangular d'un estadi de futbol, els* «*aparadors inundats de claror*»*, el moviment o el soroll. I, al mateix temps, la ciutat és un* «*fogar de cultura*»*. Una construcció. En aquest sentit, les petites ciutats i viles, els habitants de les quals, si són fidels a ells mateixos, caminen a poc a poc, una cama després de l'altra, participen, dins la més estricta ortodòxia noucentista, en la vida urbana plena. Com Lleida. El Vendrell. O Vic. I, amb la idea de dissenyar-ne el mapa, inicia un recompte dels seus actius més notoris, recompte que, dissortadament, va deixar penjat: Girona, o la intimitat, Tarragona, o la calma, Reus, o el neguit, Valls, o l'equilibri, i Balaguer, o la flama. O destaca els seus oficis, especialment, els* «*manuals*»*, que, després de la de l'esperit, conformen* «*la més digna de les aristocràcies*» *i que, en alguns casos, són hereditaris i que, en d'altres, com el dels boters, poden ser recuperats. Aquest* «*esperit civil*»*, Rovira, com Maragall o com en els* Episodis *juvenils, però des d'una altra perspectiva, el busca i el troba en les grans diades que, amb els seus* «*canvis aparents*» *i amb els seus* «*retorns esperats*»*, posen límits humans a la vastitud infinita del temps. Probablement, per raons professionals, Rovira en va destacar tres: un, de* «*canvi*»*, ni que sigui dins la continuïtat, al capdavall, la* «*vida és una transformació,* *no pas una creació», el de Cap d'Any, i dos, de «retorn», la Setmana Santa i Nadal. El primer, amb una certa tendència a l'especulació, per entendre'ns, moral; el tercer, potser cap a la poesia. I entre l'un i l'altre, la Setmana Santa, per a mi, el central, no com a celebració religiosa, sinó per la seva potència poètica, com en la filigrana de les palmes. O la veu de les campanes. I per l'excepcionalitat del seu silenci, que, per un instant, desactiva les piles de la ciutat.*

L'obra ingent de l'analista i el pensador polític o la de l'historiador, sobretot, l'historiador dels temps contemporanis, ha ofegat la de l'escriptor pur. Val la pena de recuperar-la. I de restituir Rovira entre els qui, en plena aventura del nou-cents, van contribuir a crear una prosa pel simple goig de crear-la.

JOAQUIM MOLAS
B., 21 de març

Teatre de la Natura

Pròleg confidencial

Aquest llibre no és pròpiament un recull d'articles periodístics. Ben cert que la majoria dels treballs que conté han aparegut al diari *La Publicitat*. Però no eren pas editorials ni cròniques, sinó impressions o notes literàries que, per exigència de les circumstàncies, ocupaven el lloc d'articles inèdits. Es tracta d'un llibre de visions de natura, les quals l'autor havia dispersat al llarg de la seva actuació periodística dels últims sis anys.

En escriure, empesos sovint per la pressa de les feines de Redacció, els treballs que ací hem aplegat, no teníem el propòsit de fer-ne un llibre. Quan ja n'havíem escrit molts, ens adonàrem que les breus pintures de paisatges i marines, i les descripcions de terres i d'arbres, de fruites i de flors, d'ocells i d'insectes, tenen un lligam íntim que els dóna una essencial unitat. Tanmateix, no responen a cap pla de conjunt, a cap pauta preestablerta. En revisar els articles, una classificació fàcil ens ha permès d'agrupar-los en les dues seccions de «Paisatges i Marines» i «Botànica i Zoologia».

Volem dir al lector que totes les impressions i descripcions que li oferim són d'una sinceritat perfecta. Totes responen a una emoció. Fins aquells passatges i frases que prenen un caràcter arbitrari o humorístic han sortit de l'emoció inicial. No hem escrit en fred cap d'aquests petits treballs. No hem triat prèviament els paisatges, ni les plantes, ni les bestioles que ens han servit de tema; no hem fet una llista que ens servís de programa. A l'atzar de la contemplació ha saltat dins de nosaltres l'espurna emotiva, i d'aquesta han sortit, en un espontani descabdellament d'idees i d'imatges, les visions d'aquest recull.

Teatre de la Natura li hem posat per nom, i creiem que és un nom adequat. Espectadors devots de la Natura, trobem un interès profund en les coses del món natural. I quan contemplem els seus espectacles, no ens hi sentim exteriors, ans bé ens hi sentim identificats. Sota els nostres ulls humans, les coses de la natura se'ns fan humanes i percebem els llaços alhora forts i subtils que les uneixen amb nosaltres.

Més que articles periodístics, els treballs del present llibre són apunts del nostre carnet espiritual, presos mentalment en les lentes hores contemplatives, i utilitzats després per escriure, en calma o de pressa, l'obligat article quotidià.

Hem dit que tots els treballs del llibre són escrits amb plena sinceritat; i aquesta sinceritat és de fons i de forma. Podem assegurar que no hi ha gens de retòrica, en el sentit pejoratiu de la paraula. Hi ha sovint, això sí, un lleu to oratori, és a dir, un ritme d'oració, de jaculatòria. Aquest ritme és fill, no pas de l'artifici literari, ans bé de la vibració lírica, que troba en l'estil voluntàriament cenyit una major força d'expressió i de contenció.

Ara, rellegint en sèrie els treballs dispersos, hem reviscut les emocions originàries, i estem contents de veure-les concretades i reflectides en el so i en la lluïssor dels mots. I sentim amb més passió l'amor del llenguatge que ens ha permès d'expressar amb paraules clares, sonores i gustoses els moments contemplatius del nostre esperit.

Juny del 1928

Pròleg de la segona edició

Si el pròleg de la primera edició d'aquest llibre explica com van ésser escrits els curts treballs que conté, la present nota explicarà, no ja la formació externa del text, sinó l'intern procés de la seva concepció espiritual.

El meu *Teatre de la Natura* no és una simple presa de vistes; no és una col·lecció de «croquis del natural», segons una denominació en voga temps enrere. Jo no descric la Natura purament objectiva, separada de l'home, vista com si l'home no existís. Més que una reproducció d'espectacles naturals, el *Teatre* és una creació d'imatges sorgides de la meva sensibilitat d'home davant la Natura. És un escenari vivent, no un decorat. L'obra és feta, no sols de dibuix i de color, sinó també de batecs humans. La Natura em dóna els elements materialment perceptibles, i jo els mantinc en llur figura i en llurs coloracions autèntiques. Però tots aquells elements entren, no sols dintre dels meus ulls, ans encara dintre de la meva ànima, i així la projecció que faig dels espectacles naturals, està influïda i caracteritzada per la pròpia vida anímica.

La Natura del meu *Teatre* és, doncs, humanitzada mentalment; idealització de la realitat crua, sensibilització de la realitat freda. Així entesa, la Natura no és falsa; al contrari, és la Natura que jo veig, que jo sento, que jo estimo, que jo comprenc: la més vera i viva que existeix per a mi. La pura visió objectiva del món extern no existeix, en veritat, per als homes. El món que l'home veu i entén és un món humà, completat i animat pels elements subjectius, sense els quals la realitat fóra humanament inassolible. I això no vol pas significar que el meu llibre sigui una visió singular, privativa; els homes d'igual o semblant temperament, i més que més els catalans pertanyents a la família espiritual a què jo pertanyo, tenen, amb matisos diversos, la mateixa visió fonamental.

En ésser publicada la primera edició del *Teatre de la Natura*, el públic i la crítica coincidiren –cosa no massa corrent– a fer-li una acollida favorable. Amb tot, jo vaig adonar-me de seguida que una part dels lectors i una part dels crítics havien estat més impressionats per la forma, per l'estil, pel ressò de la prosa– que algun escriptor amic, tarragoní com jo, va qualificar, honorant-me, de romana– que no pas pel gruix d'humanitat que serveix de fons a les descripcions geòrgiques, zoològiques i botàniques.

He de declarar que en el debat, tan antic, dels clàssics i els romàntics, de la forma i el contingut, dels mots i les idees, vaig prendre posició des de la meva primera joventut en el sentit d'acceptar i unir la part substantiva de les dues tendències aparentment oposades. Sóc amic i devot de les normes literàries, artístiques i lògiques, bo i reduint-les a un mínim essencial, compatible amb la varietat dels temperaments i amb el sentit de constant renovació. Cap qualitat de forma no és oposada a les qualitats de fons. La claredat no s'oposa a la profunditat, ans la fa més palesa i més penetrant quan verament existeix, mentre que la foscor, no sols esborra o desdibuixa les perspectives, sinó que permet l'engany de fer passar per profundes les coses o les idees simplement boiroses. Jo veig la claredat de l'expressió com un signe de la claredat del pensament. El joc net, en literatura, en art, en dialèctica, és la claredat. En un gran nombre de casos, una idea o una imatge clarament expressades, si apareixen més senzilles, menys misterioses, apareixen també més sòlides i més belles. Hi ha certament en el món natural i en el món psíquic vastes regions que en si mateixes no són clares, i qui volgués fer-les clares per un miracle lògic o filològic es mostraria puerilment il·lús. El llenguatge clar, que no pot fer clares les coses que són fosques, mostra bé llur condició i ensems traça, fins on és possible, el límit entre la zona de tenebra i la zona de llum. Si no aclareix, destria, i aquest resultat és ja valuós.

Dos articles del *Teatre de la Natura* deixen albirar regions fosques i misterioses de la vida psíquica: «Els tambors dins la pedrera» i «Els fanals de la mar». El darrer descriu –clarament, em sembla– un fenomen obscur: el somni en estat de vetlla, com diuen els psicòlegs. Són dos articles que m'haurien pogut empènyer cap al sobrerealisme, i per això sens dubte un crític influït per aquest moviment va fer-los objecte de la seva preferència. Però la meva voluntat, que em guarda de naufragar en les aigües tèrboles del subconscient i resta forta enmig de l'onatge interior, va mantenir despert el meu judici, i la part del somni va quedar ben destriada de la realitat.

La concepció de la Natura mentalment humanitzada introdueix la realitat natural dins el clos dels nostres sentiments. Aquesta natura no és la Natura insensible que Alfred de Vigny blasma en *La maison du berger* i que el poeta fa parlar amb mots de menyspreu per l'home:

> *Je roule avec dédain, sans voir et sans entendre,*
> *A côté des fourmis les populations.*
> *Je ne distingue pas leur terrier de leur cendre,*
> *J'ignore en les portant les noms des nations.*
> *On me dit une mère et je suis une tombe,*
> *Mon hiver prend vos morts comme son hécatombe,*
> *Mon printemps ne sent pas vos adorations.*

Aquesta Natura impassible, que contrasta amb l'ànima humana, és assenyalada per mi al final de l'article «Vila de Prades vermella»; però no és pas la Natura que jo faig aparèixer en l'escenari del meu *Teatre*. La Natura humanitzada que veig i sento i descric posseeix la sensibilitat i els delers dels homes; ens parla, ens asserena, ens conhorta, ens encoratja; té alegries i dolors, planys i al·leluies, records i esperances.

Sense la companyia d'aquesta Natura humanitzada mentalment per nosaltres mateixos, projecció i extensió de la pròpia ànima, la nostra vida perdria una gran part dels seus atractius i del seu sentit. Jo no sabria viure en un món on no hi hagués altra Natura sinó la blasmada per Vigny, la Natura que mereix de l'altiu poeta aquella declaració rancuniosa i vindicativa:

> *Vous ne recevrez pas un cri d'amour de moi.*

Al contrari, el meu amor per la Natura humanitzada batega tot al llarg del present llibre. Paisatges i marines, terres i aigües, bèsties i plantes, entren de ple dins el meu món afectiu. Jo no separo de mi la Natura. M'hi trobo inseparablement unit; em sento dins d'ella, part d'ella. Per a mi el món exterior i el món interior són dos aspectes del mateix món.

La humanització mental de la Natura consisteix a veure aquesta amb ulls humans –humana, és clar, no sols per l'òptica, sinó també per la psicologia– i a atribuir-li qualitats i sentiments humans. La Natura, objectivament impassible i insensible, pren així, per a l'home, una ànima humana i esdevé, més encara que un reflex, un perllongament de l'home que l'esguarda i la interpreta.

No s'ha de creure, però, que l'atribució de sentiments i qualitats humanes al món natural es pugui fer d'una manera capriciosa o voluntària. En realitat, va determinada, en gran part almenys, per les qualitats i els aspectes de les coses i els éssers descrits. Cap de les atribucions que jo faig no és pura fantasia, ni tan sols quan estilitzo certs dibuixos; cada una té el seu fonament o el seu motiu. Totes responen a un sentiment meu, a una emoció o a una visió meves. Atribueixo a cada caire de la Natura i a cada un dels meus éssers que descric, les qualitats corresponents a la impressió que en mi produeixen, als pensaments o als sentiments que en mi susciten. L'atribució es concreta –podria dir que es personalitza– sobretot en descriure els arbres, que jo imagino com si tinguessin una ànima humana pròpia i distinta. El procediment, prou que ho sabem, és tan antic com la literatura. Més diré: és tan antic com l'home.

Geogràficament i espiritual, el *Teatre de la Natura* –ja ni caldria dir-ho– és un teatre català: català l'escenari, catalanes les representacions, catalans els personatges. Hi presento la Natura de Catalunya en estret contacte amb l'ànima catalana, que és una expressió nacional de l'ànima universal, no una reducció localista o regionalista, puix que allò que és local o regional –simple varietat pintoresca i externa– no té ànima.

El *Teatre de la Natura* vol ésser una imatge de la pàtria vivent. Aquesta imatge, que fa prop de vint anys vaig projectar a Catalunya, ara la projecto a Mèxic per a vosaltres, catalans de l'exili, mentre tots plegats esperem, amb una impacència creixent que es torna neguit, l'hora venturosa en què podrem petjar de nou la terra de la nostra naixença i dels nostres més pregons amors.

París, març del 1947

PAISATGES I MARINES

Conreus de Catalunya

Sentim la grandesa dels paisatges naturals, però sentim i estimem més la bellesa dels conreus, on la natura és humanitzada. I sentim i estimem i admirem sobretot els conreus de Catalunya, que han d'ésser posats entre els més admirables del món.

En els nostres pagesos hi ha un amor sensual per la terra i un sentiment artístic innat. Per això ells caven i llauren tan bé, i fan tan drets els solcs dels camps i els crestalls dels horts, i donen una viva simetria a les feixes i als rengles de plantació, i distribueixen els cultius amb un ritme que s'avé amb el decorat de la terra i del cel.

Davant un camp ben conreat, i encara més si és de regadiu, ens entra pels ulls el gaudi de la vida. En la natura independent hi ha una bellesa feréstega que ens dóna un gaudi barrejat d'inquietud i de neguit. En la natura humanitzada i dòcil dels conreus hi ha una somrient bellesa que ens ofereix el gaudi sedant.

Bell és el bosc, bell és el jardí. Més bell és encara l'hort. Entre el bosc espontani i el jardí artificial, plau-nos l'hort, fecunda obra de l'art, més natural que el jardí i més humà que el bosc. En el món de la natura l'hort té un encís de sensualitat, però d'una sensualitat sanitosa i serena. Els arbres i les plantes de l'hort s'encenen en el sol, es banyen en la pluja, beuen àvidament l'aigua que el rec els porta, xuclen amb golafreria d'infant els mugrons del terròs, s'inflen i s'engreixen en la carn dels fruits. Aquest bocí de terra opulenta, molla i agençada que és l'horta, té gràcies i delícies d'esposa en camí de maternitat.

El bosc és, per a l'home, un territori que no està conquistat. Les anades al bosc tenen alguna cosa d'incursió en dominis d'altri. El conreu, i sobretot el regadiu, és terra sotmesa, amb una submissió de confiança i d'afecte. En aquesta conquista l'aigua és la gran aliada de l'home. Ella és la sobirana de les planes fèrtils. Podríem dir que l'home, abocant l'aigua de rius, mines, estanys, bassals, fonts i pous damunt la terra assedegada, practica la colonització per procediments polítics. Si l'artigador de l'erm i el llenyater del bosc conquisten per la força de les armes, el pagès que conrea els regadius conquista per la força de la intel·ligència. El conreu i sobretot el regadiu són la civilització de la gleva.

Els jardins tenen un refinament morbós, i sovint llur bellesa és torbadora. El jardí allunya els homes de la terra i els transporta en un país de somni. Colors i perfums enlluernen i embriaguen. Hi ha, és veritat, uns jardins que són alhora prats, i aquests esdevenen els més útils per a l'espai normal de l'home.

La nostra raça ha comprès tota la noblesa i tota la bellesa dels conreus. Mentre que en altres pobles la gent conrea la terra com els forçats fan la feina, com si encara veiés en el treball del camp la conseqüència de la malediccció bíblica, els nostres pagesos, fins aquells que senten l'atractiu de la ciutat, quan treballen al tros fan l'obra ben feta. I els homes que han viatjat molt i han vist molts conreus, des dels primitius fins als científics, han de declarar que els conreus de Catalunya són, per l'amor i l'art sobri que el pagès hi posa, dels millors que hi hagi avui.

Solcs i ruïnes

La terra amb solcs i amb ruïnes és la més noble terra del món. És una terra vella que té una dignitat més alta que la terra verge. Bella feina, la dels artigaires que trenquen la terra dura i converteixen l'erm en conreu. Bella audàcia, la dels qui conquisten noves terres i les posen sota el domini intel·ligent de l'home. Estimem les terres verges que passen a ésser fecundades pel treball. Però estimem encara més les terres velles, d'antiga maternitat, una mica cansades i sempre fecundes, que han estat conreades per cent generacions.

...Trenca l'arreu el terròs flonjo i posa al descobert unes ruïnes: pedres agrupades per l'home primitiu, o carreus polits per l'home civilitzat. Damunt els murs caiguts i les sepultures colgades, la terra vella, cada any rejovenida, torna a donar flors i collites bones.

La terra vella, la terra amb solcs i amb ruïnes, és terra profundament humanitzada. No pertany plenament al reialme de la natura, com la terra verge. No fa créixer aquelles plantes ni fa madurar aquells fruits que donaria si es trobés en plena llibertat. Ha partit amb l'home la sobirania. I, ben avinguda amb ell, fa créixer les plantes i fa madurar els fruits que corresponen ensems al propi natural i a la voluntat de l'home.

Si la terra vella és de regadiu, la seva humanització és encara més forta. No rep solament l'aigua del cel, que és aigua independent i insegura. Sempre que té set, beu l'aigua dòcil dels rius, dels recs, dels estanys, de les mines, de les sínies, que és aigua sotmesa a l'home amb amorosa submissió.

Com més endins de l'aglevat entra l'arreu, més nobles i més rics són els terrossos que alça i gira. Hi ha pedres de segles, pols d'ossos, veu del passat, records de la història, mots de la llengua. Hi ha l'ànima de la raça.

Més fort que l'encís de la terra que ningú no ha trepitjat mai, és l'encís de la terra que han trepitjat totes les generacions d'un poble. Oh, els solcs que es tornen a obrir, drets i paral·lels, allí mateix on s'han obert i s'han arrenglerat mil vegades! Oh, l'aigua mansa que sap el camí de les sèquies des de fa mil anys!

L'aglevat es deixa obrir les entranyes i sent la voluptuositat de l'eina de conreu. Estima l'home que el conrea. S'adona de l'amor que l'home li té. I diríeu que la terra vella s'afanya a donar bons esplets i bones collites per fer content l'home que la treballa cada jorn. Les relacions de l'home i la terra són relacions d'amor. D'amor fecund. L'artigament de la terra verge és un himeneu. El conreu de la terra vella és un llarg amor conjugal.

És la terra el gran dipòsit de la vida. Tot allò que, vivint, surt de la terra, a ella torna morint. Els ocells de més alt vol i els homes de més gran geni, a la terra tornen. Ella és la falda que acull tots els éssers caiguts. Ella evita que el éssers es fonguin dins el no-res –que això seria la mort vera i horrible–, i de les coses temporalment mortes fa sortir vides noves, com d'un broll que no s'estronca mai.

Enmig del camp, asseguts damunt les pedres grogues d'unes ruïnes venerables, guaitem com la punta de la reu va solcant la terra vella. A ponent, les muntanyes, grans murs del pla, tanquen la comarca. A llevant es bada l'amplíssima portalada de la mar... Entre els solcs i les ruïnes veiem passar, invencible, l'esperit terral.

L'hora lleu

En aquesta hora matinal ens servirà de tema el bon matí. Lloarem l'hora primerenca del dia, l'hora lleu que segueix el descans de la nit.

Hora lleu: vet ací dues paraules que expressen bé la sensació del bon matí, tant a la ciutat densa, com al camp pla, com a la muntanya esquerpa. Totes les coses del món perden pes en l'hora matinal. Es tornen més lleus l'esperit i la matèria, els pensaments i els sentiments, l'home i les coses que el volten. Afineu els sentits de l'ànima, i us adonareu que de bon matí la llei de la gravetat –de la gravetat física i de la gravetat moral– afluixa la seva pressió tirànica. De bon matí l'aire és més prim, els moviments són més àgils, el cos és menys feixuc, i el batec del cor és més suau i reposat.

L'hora matinal té l'encís d'un recomençament de la vida. Els homes, les idees, les coses del cel i de la terra, neixen una mica cada matí. Si no fos aquesta renaixença quotidiana, la humanitat i el món serien lletjament vells, i llur senectut seria un horrible espectacle. El matí porta joventut, gràcia, esperança, il·lusió, voluntat. El matí és el bany del món, l'aigua miraculosa que conserva la frescor jovenívola de la vida.

A tots els pessimistes, misantrops, hipocondríacs i extenuats, els recomanen una cura de bon matí. Molta gent és pessimista perquè es lleva tard. El pessimisme és una sedimentació de residus espessos i tèrbols en el fons de l'ànima. Els qui no tenen defenses naturals contra aquesta sedimentació morbosa són com uns llastimosos nàufrags.

Contra la teixugor de l'esperit i del cos res no és tan bo com la levitat de la primera hora. Cada nit es fonen o es cremen, en el món exterior i en l'interior, moltes coses nocives i inútils. I cada matí neixen coses noves. El món és dels homes i dels pobles que saben fer sense recança la depuració nocturna i saben rejovenir-se, una vegada cada dia, en el tocador màgic del bon matí.

Del vespre al matí, de l'hora fosca a l'hora clara, es perden les feines vanes, els afegits banals, els vernissos, les robes de disfressa. Però roman tot allò que és viu i és fort. El bon matí és l'hora més vera del dia. Les ombres s'enduen cada nit un ròssec de ficcions.

Convé que un hom revisi de bon matí les seves conviccions i els seus projectes, els seus amors i les seves rancúnies. L'hora matinal és la millor de totes per a fer la distinció entre el bé i el mal, entre el bon camí i el camí errat, entre les coses perennes i les coses que passen sense deixar solc a la terra, ni estela a la mar, ni vibració a l'aire.

Hi ha moltes coses excel·lents que són matineres. Un poeta català antic i un poeta català modern han cantat l'aliança de l'amor i el matí:

> De matinet l'Amor venia,
>   de matinet,

L'Amor, i tots els bons amors, i totes les altes idees, i tots els bells sentiments, són amics de l'hora lleu que és començament del dia. De matinet ve l'Amor, de matinet ve la joia, de matinet ve l'ideal.

Els marges vells

Hem seguit, amb pas molt lent, un camí sinuós, limitat a les seves dues vores per marges vells no gaire alts....
Els marges vells! Són l'arqueologia del camp. Són els testimonis de la vellúria dels conreus. Molts marges d'aquests haurien d'ésser declarats monuments nacionals per tal que tinguessin una protecció eficaç contra les mans impies dels bàrbars destructors. Qui no estima els marges vells no estima la terra, ni sent la poesia rural, ni comprèn l'esperit del paisatge. El dia que a la terra nostra no hi hagués, per separar les propietats, i per contenir les feixes, i per delimitar els camins i caminets, aquests murs rústics de pedres velles, s'esvairia un dels millors encisos que el camp té per als notres ulls.

La terra ampla i seguida es fa monòtona. La corba dels vessants de la muntanya sembla un gep monstruós. Però si dividiu els trossos de la terra llisa i escaloneu els pendents amb la ratlla dels marges de pedra seca, pla i muntanya es tornen més graciosos, més amics, més humans. I aquelles pedres arrenglerades i apilades amb una certa llibertat rítmica s'adiuen tant amb la terra i amb les plantes, que tot plegat forma un conjunt harmònic.

Les pedres velles, trencades irregularment en llur origen, daurades pel sol, rosegades per la humitat, són un producte de la terra, com les herbes i com els arbres. Les pedres trenades de poc, pel ferro o per l'explosiu, són com bocins de carn esqueixada, nafra viva per tots els costats; llum i vent, sol i serena, pluja i rosada, guareixen, al cap de molts anys, la ferida horrible. El roc que era un fragment adquireix una personalitat pròpia i distinta, i esdevé una unitat individual en el món de les pedres, com el carreu ben tallat i polit.

Per a fer cases, tant a ciutat com a vila, tant a vila com a pagès, no hi ha res millor que els daus de pedra formant parets nues, ben nues, sense la ronya crostissera de l'arrebossat amb vil morter. Però per a fer murs al camp no hi ha res com les velles pedres amb pàtina i amb molsa. Una pedra d'aquestes hauria de valer més que una rajola o un maó. No hi ha cap ceramista que amb el fang i el foc pugui fabricar un material per a la construcció de marges comparable a les pedres dels nostres amors.

Si no tinguéssim por d'ésser massa subversius, cridaríem en la soledat del camp: «Fora les parets de pedra i calç! Fora les parets de maons! Fora la geometria i el dibuix lineal en els murs dels conreus! Fora els filferros amb punxes! Fora, encara més, aquest coronament de miques de vidre, que la por sòrdida i cruel posa dalt de tot de les parets!» El mur de pedra rústega, primera arquitectura de l'home prehistòric, és encara avui, passats els mil·lenaris, el més digne company de la terra.

Caldria que els agafessin, els pagesos modernistes i els hisendats filisteus que desfan els marges vells i empastifen amb argamassa les pedres seculars que han vist la naixença, la creixença i la mort de les generacions d'homes i d'arbres. Aquestes pedres mereixen respecte i afecte. Qualsevol test de terrissa antiga té una vitrina als museus. I no val més la pedra envellida que no totes les terres cuites? Cap vernís, cap esmalt, cap feina de punxó o de pinzell o de cisell en la ceràmica, no té la noblesa i la glòria del revestiment d'aquestes pedres rònegues dels vells marges, que són fidelíssimes filles de la terra aspra i amorosa que les va crear.

Els tambors dins la pedrera

Som en una petita ciutat, cap de província, en un bell dia de sol i d'aire claríssim. El moviment dels carrers, en aquestes primeres hores de la tarda, és escàs i lent. De tant en tant un soroll fort o un breu crit remarca més el silenci predominant. No fa ni una mica d'oreig, i això encara accentua la nostra impressió de quietud. És com un adormiment del món exterior, que se'ns encomana a poc a poc ànima endins.

Sortim enllà, pels camins dels contorns, entre blavor del cel i grogor de pedres. El silenci i la quietud s'han fet més profunds. Però l'abaltiment que dins la ciutat sentim desapareix enmig de la natura. Van pujant les veus interiors, i el pensament se'ns fa viu i actiu. Passen per la nostra ment, a grans vols, imatges, records, idees. La natura silenciosa i quieta ens desvetlla i ens estimula les potències anímiques. Ben al contrari de la ciutat petita, que amb la seva vida grisa ens abalteix espiritualment...

Què és això? Ha esclatat prop de nosaltres un enorme soroll; un soroll fosc, llarg, rodolador, inacabable. Són els tambors del batalló que, dins una pedrera buida i abandonada, assagen les tocades.

En la calma de l'hora i en la soledat del lloc, aquell soroll monòton, gairebé subterrani, trenca la nostra meditació, esborra idees i records i imatges, i ens arrossega com si un riu negre se'ns endugués.

Els tambors dins la pedrera! Aquest soroll ens recorda la buidor de la mort. El silenci pur és ple de batecs de vida, és ric de suggestions, és amic dels filòsofs. Però aquest toc de tambors que omple la pedrera de sons i ressons, i xopa l'aire de monotonia, i inunda el cel i la mar amb les seves vibracions glaçades, ens entenebreix l'esperit i ens allunya del món i de nosaltres mateixos.

El no-res serà potser un soroll així, un soroll d'un to únic que flueix sense parar? Hi ha una terrible força d'anorreament en aquest toc que rebot pel llenç de la pedrera, es trenca en les arestes, s'esclafa en els blocs, es multiplica en les coves de la roca torturada, s'esmicola en les esquerdes i surt enfora per cobrir el paisatge amb un espès vel de soroll opac.

Procureu, amics, que mai el toc dels tambors dins la pedrera no us arreplegui en plena meditació. La meditació enmig del silenci obre de bat a bat les portes de la nostra ment. Quan ve el soroll hem de cuitar a tancar-les. Si no hi som a temps, és tan violent el contrast entre el silenci meditatiu i el cop del soroll sobtat, que sembla que se'ns apagui la claror davant els nostres ulls i es clogui el pensament darrere el nostre front.

Una impressió subjectiva, tot plegat? Subjectiva, sí; però no pas singular. En el mateix ambient els homes d'un temperament anàleg sentiran, de segur, la mateixa inoblidable impressió...

Mentre ens allunyem, amb pas accelerat, del toc fort, monòton i persistent, ens diem que el silenci pur és poderós i creador, i que el soroll sense harmonia és una representació acústica del no-res.

L'aigua esperada

L'hivern ha estat fort de fred i pobre d'aigua. Si els habitants de les ciutats no visquessin tan lluny de la pròpia terra, sabrien la inquietud que els nostres pagesos senten davant els camps de primavera quan la pluja es fa esperar. Els conreus estan preparats per a rebre l'aigua esperada, l'aigua que ha d'assegurar les messes de juny i les veremes del setembre. I l'aigua encara no ve...

És la insistent tragèdia de les terres eixutes i poc amades dels núvols. A migdia i a ponent, la Catalunya estricta pateix el mal de l'escassetat d'aigua. El guany de les collites i el pa bru dels terrerols depenen cada any de l'atzar atmosfèric. I com si el camp tingués verament portes, unes portes altes i gruixudes, sovint les angoixes de la pagesia no són compartides ni conegudes per la gent de la ciutat, perduda en l'isolament urbà, que és una de les pitjors limitacions de l'esperit.

La ciutat no s'adona de les inquietuds i els sofriments del camp fins que els planys dolorosos esclaten dramàticament. Els homes giren el cap, amb emoció o amb horror, davant el dolor estrident o espectacular; però no saben veure gaire les amargors profundes, les angúnies que fiblen l'ànima, els sofriments silenciosos. A l'esguard humà se li escapen sobretot els començos de les dissorts, les primeres manifestacions de les catàstrofes imminents. La ciutat i el camp mútuament s'ignoren; i encara la ciutat ignora el camp més que no el camp la ciutat. Els ciutadans moderns tendeixen a no veure en el camp altra cosa sinó paisatges decoratius i residències d'estiuada.

Per això no és coneguda a la ciutat la inquietud dels nostres camperols quan miren la terra resseca i el cel net i blau. Els rius i les rieres duen poc corrent; les fonts ragen amb doll mesquí; les cisternes només tenen mig pam d'aigua. Els homes alcen al cel la mirada interrogativa: si l'hivern ha estat avar de pluges, en serà pròdiga la primavera?

Guaiteu la terra conreada, com espera l'aigua del cel! Guaiteu els vinyars, amb el terròs remogut per l'arreu i l'aixada, net d'herbes, tou, esponjós. Tot està preparat per a rebre la bona pluja. Al voltant de cada cep, que comença a vestir amb brots de verd clar els seus braços retorçats, hi ha un clot que l'aigua esperada ha d'omplir. La terra demana als núvols la pluja, els crida, i sembla incitar-los amb l'atractiu de les gràcies i de les manyagueries d'una enamorada.

Això no és, encara, el drama de l'eixut, ni el martiri de la set dels camps. És només la punyida de les temences. La pagesia, encara tan sovint amb l'orbesa dels fets naturals, viu sota l'atzar més visiblement que no els homes de ciutat. Està avesada a les incertituds de la natura i als cops dels enemics cruels. D'ací ve que el fatalisme endureixi, a tall de defensa orgànica, la seva sensibilitat.

Hem vist les terres conreades de fresc que es neguitegen per beure golosament l'aigua esperada. I ens fa patir l'espectacle d'aquesta espera. Sentim el desig vehement i impacient que els núvols aboquin els càntirs folls de la pluja damunt la terra i xopin els terrossos, i omplin el clot que volta els ceps.

Elegia de la vinya

La terra de Catalunya, al centre i al sud, és tota clapada de la verdor clara de les vinyes. Els nostres ulls s'han acostumat a veure cobertes de vinya vastes extensions de camp i, més encara, les comes i muntanyoles. En alguns indrets de la Catalunya Nova el vinyar puja, agosarat, pels pendissos d'altes muntanyes, ajudant-se sovint dels marges en forma de grades d'amfiteatre. La vinya és avui –si no amb exactitud de mida, amb varietat visual– la meitat dels conreus de Catalunya, i els vinyaters formen la meitat de la nostra pagesia.

Les plantacions geomètriques semblen un desplegament d'exèrcits regulars. La vinya és la plantació que us suggereix més vivament aquesta idea. Quan guaiteu un vinyar des del tren o l'automòbil en marxa sentiu la il·lusió òptica que els ceps evolucionen com els regiments en el camp d'instrucció militar. L'arbre va muntat a cavall; el cep és un peó. Un camp d'arbres és com el desplegament dels esquadrons de cavalleria; la vinya, amb els seus ceps baixos, és com l'estesa dels batallons d'infanteria.

Contrasta dolorosament l'espectacle de les nostres vinyes en el ple de la ufanor verda, amb el plany dels qui parlen de la crisi de la viticultura. Aquests ceps amb tanta mesa, amb tant de fruit incipient, amb tan bella pampolada; aquests ceps arrenglerats i disciplinats com un gran exèrcit en parada solemne, pateixen una malaltia greu i potser mortal, una malaltia més temible encara que la fil·loxera i el míldiu; una crisi de caràcter econòmic. Les vinyes no en saben res, d'aquesta malaltia. Però el qui les guaita, que sap l'existència de la crisi vitícola, sent l'angúnia del malastre que plana damunt els ceps vestits de pàmpols i guarnits de raïms que es comencen a inflar.

El cor ens diu que vindrà, d'ací a alguns decennis, un canvi de decorat en les extensions ocupades ara pels forts i joiosos regiments de ceps. I aquests ens semblen, en molta part, destinats al sacrifici. En les batalles de l'agricultura hi haurà, probablement, grans baixes en les esteses de vinya que avui són l'alegria dels nostres ulls i la predominant nota de paisatge en moltes comarques catalanes.

Els pagesos de l'actual generació que han nascut vinyaters, diríem, i que com a vinyaters han viscut, han de sentir per força la punyida del decaïment de la vinya. Si el cep desapareix de molts trossos de terra, tindrà ben guanyat el piadós record de la pagesia nostra. Per a la gent de la gleva el cep ha estat un bon company, ardit, agraït, sobri, sofert. Cada bocí de vinya arrabassat per posar-hi altres conreus mereixerà l'enyorívol comiat dels pagesos que durant anys i anys l'han treballat en la successió de les feines agrícoles sobre el terròs i sobre els ceps.

Heus ací la tristesa que plana temps ha damunt les nostres vinyes quan les mirem amb els nostres ulls. Quina planta, quin arbre hi haurà demà als llocs que avui ocupen les grans clapes de maragda? Quins seran els arbres i les plantes que es conformaran, com el cep heroic, a les terres dures i als estius eixuts?

Saltant d'aigua

Aquest saltant d'aigua que ens té encisats no és una cascada enorme, amb gran cabellera de blancor pura feta de ruixims polvoritzats i d'escumes tumultuoses. És el petit saltant d'un rec que corre de pressa pel pendís d'un coll. A la vora d'una roca l'areny del rec s'interromp, i la veta transparent, trencada de sobte, cau d'una altura de cinc pams.

Heus ací el saltant d'aigua que ens plau de contemplar en les hores de més llum. Ell ens dóna la fruïció de la bellesa íntima i delicada, que no sabríem trobar en els espectacles grandiosos de la natura. Aquests espectacles –el gran saltant d'aigua, la mar en revolta, la ventada damunt la terra, la tempesta en el cel, el riu amplíssim, la muntanya alta, les eixides i les postes de sol, teatrals– són, segons el mot consagrat, espectacles imponents. Imposen, en veritat. S'imposen a l'home. Al sentiment de la grandiositat s'afegeix, en l'home que els contempla, una sensació de vaga inquietud. Hi ha, en les coses grandioses, una desproporció amb la mesura humana. La sobrepassen per la magnitud material.

Per què no hem de trobar, en les coses materialment més petites, el mateix encís, sense mescla d'inquietud? En el món de les petites coses, i sobretot en el món de les coses més proporcionades a la mesura humana, hi ha, abundants, els bells espectacles que contemplem amb un tranquil respir de benestar. Aquests espectacles no imposen, no se'ns imposen. Tenen per a l'home el valor d'un espectacle normal, fet a la nostra mida, adequat plenament al nostre ésser. Qui només es commou davant els espectacles grandiosos és que està tarat de colossalisme i no té en vibració les més fines cordes de l'esperit.

El nostre petit saltant d'aigua val més, estèticament, que les grans cascades vulgars a còpia d'ésser colossals. Tothom, fins els salvatges i els bàrbars i els burgesos i els turistes, se sentirà impressionat davant la caiguda del riu des d'una gran alçada. Al contrari, només els esperits fins podran copsar la bellesa del rec que salta per una roca, com un infant entremaliat.

...Una ombra discreta s'estén damunt el saltant del rec. Darrere el gros raig d'aigua, la roca mullada pels escorrims i pels esquitxos, és tota entapissada de molsa i clapada per les primeres mates de falzilla, color verd clar. Alguns ressalts de la roca esgarrinxen una mica el raig, l'esbullen i en fan saltar gotes violentes com projectils. El cop de l'aigua, persistent, ha cavat a baix una pica natural, envaïda a mitges per les plantes aquàtiques i voltada per les herbes de muntanya, que es regalen en la frescor del lloc i en la humitat de la terra.

L'espetec del rec que salta és un so més plaent que el de les enyorívoles flautes de les fonts amagades. Hi ha una orquestració rudimentària en el soroll del saltant, i a estones us sembla que s'hi afegeix un cor de rialles joves.

El nostre saltant té, de més a més, una gràcia que ens el fa estimar. D'una clivella de la roca surt un romaní que allarga una branca esprimatxada fins a tocar el raig d'aigua. Una filagarsa líquida cau damunt la branca atrevida i la fa oscil·lar contínuament. Sembla que el romaní jugui a mullar-se, amb la insistència i la gosadia d'un infant.

El rec clar

Deia Pi i Margall que, per a ell, la cosa més bella del món és l'aigua neta en net cristall. Aquesta és, en efecte, una bellesa puríssima. I quan, en travessar el cristall i l'aigua. la llum del sol es trenca en espurnes i llampecs, de la simplicitat d'aquests elements surten efectes d'una fantasia meravellosa. El cristall líquid i l'aigua sòlida –diguem-ho paradoxalment, com un poeta que diu les coses al revés per fer-les originals– són bells perquè són purs.

Però la bellesa i la puresa de l'aigua neta en net cristall són una bellesa i una puresa fredes, inexpressives. A nosaltres ens plau més el joc de llum de l'aigua que corre.

A l'hora que el sol, travessant la vena clara i movedissa, arriba fins al fons, aquest s'il·lumina d'una vivíssima claror. La claror, dins l'aigua, és més brillant que dins l'aire.

Però el més bell i viu i clar de tot és, en aquesta hora, el fons del rec. La sorra, mullada d'aigua i encesa de sol, té una lluïssor divina. Tot guaitant el fons del rec, amb les herbes aquàtiques i els menuts còdols blancs, blaus i rogencs –diríeu que són pedres precioses–, sentiu l'emoció de la bellesa pristina.

Fons del rec, claror mullada, or de sorra banyada d'aigua i sol... Amb un petit esforç de la fantasia us imagineu que allò és el fons d'una mar minúscula, i que la lluminositat de l'aigua us descobreix els misteris de les profunditats marines.

El panorama de l'interior del rec és d'una precisió finíssima. Podríeu comptar els grans de sorra i dibuixar amb tots els detalls la topografia d'aquell areny.

Llum deixatada en l'aigua, sol al fons del rec suau. Riquíssim tresor de bellesa que els ulls vulgars no saben veure. Davant aquestes belleses subtils i senzilles del món natural passen indiferents els orbs de l'ànima. Els uns, menjats per la tristesa, porten el rètol de pessimistes; els altres, rient sonorament per efecte de la buidor interna, porten el rètol d'optimistes. I aquests i aquells, igualment infeliços, no s'aturen a guaitar, un moment, el rec que s'escola a llurs peus, palpitant i encès de sol.

Les soledats de Siurana

Us costa de pujar a Siurana. Però quan hi sou, quina magnífica recompensa! Heu deixat l'automòbil còmode, i heu anat ascendint per un duríssim camí de bast, que és verament una graonada rústega. L'alta mula en què cavalqueu ha fet l'aprenentatge del senderó, i us admira la seguretat del seu pas. Quan el camí segueix la carena d'una coma, sentiu, damunt la vostra cavalcada, la impressió de travessar els espais.

Ja sou dalt. Al cim de la muntanya, que els cingles tallen per tots els costats, hi ha el poble, l'esglesiola romànica, les ruïnes del castell. Tan bon punt heu mirat un instant aquells vells murs, l'esguard se us en va cap a les muntanyes i les valls que volten Siurana. Davant mateix, el Montsant, massís, enorme, imponent, dreça la seva mola grisa on són visibles els estrats de la roca. Els coneixedors de la contrada us van dient els noms dels puigs i dels turons. És una lliçó pràctica de geografia del Priorat i de l'antic comtat de Prades.

La més forta de les impressions que us fa Siurana és la impressió de les grans soledats. Soledat de les muntanyes desertes enmig de les quals és bastida; soledat de l'espai que les corona; soledat del petit poble silenciós, que els habitants abandonen, l'una família darrere l'altra.

Quin encís més intens, el de les soledats de Siurana! Totes les veus de la terra, en la calma i en l'isolament, se us fan més clares i entenedores. A la sensació de la natura s'ajunta dins de vosaltres un record de cultura. I la vostra memòria descabdella les catorze ratlles d'aquell sonet que Josep Carner va dedicar a Siurana:

> Allà dalt és Siurana, aspra i ardida,
> ben arrapada a la salvatge altura,
> coronada d'espais, d'abims cenyida,
> tot daurada i negra de vellura....

Aleshores comproveu que el sonet –una de les millors composicions del seu autor– dóna una idea exacta de Siurana, us en mostra l'autèntica visió i us en revela l'ànima.

> Des de Siurana es veuen soledats...,

diu el poeta. Aquestes soledats, tanmateix, no us deprimeixen, ans us conforten. Siurana és aspra en el seu aspecte; però és amorosa i íntima en el seu tracte. Us hi trobeu bé, hi sentiu un renovat coratge; i si la visió dels cingles que pertot arreu us sotgen no us sembla, de cop, una visió sedant, aviat la vostra inquietud s'esvaeix, i a través dels perills del vostre esperit s'aferma en una tranquil·la confiança.

Les soledats de Siurana són, no pas un càstig d'exili, ans un domini de conquista. En aquest terrat elevadíssim que han format els cingles hi va haver l'últim espisodi de la Reconquesta cristiana al Principat de Catalunya. I la llegenda de la reina mora de Siurana, la imaginària Abdelàzia, que es llança a l'abisme muntada a cavall, és una poetització del final d'aquella luita.

Des d'aleshores la nostra llengua ressona dalt de Siurana, entre les soledats. Han passat prop de vuit segles, i ara una temença ens fibla el pit. Vindrà dia que els mots de la parla s'apagaran en aquesta brava altura històrica? Siurana es despobla de pressa. Allà baix hi ha Cornudella, que li pren la gent. La gran majoria de les cases de Siurana són buides, tancades, mortes. Fa vint anys que els habitants passaven de cent, i ara amb prou feines arriben a trenta. Només hi ha vuit o nou cases habitades. Pels carrerons trobem uns infants morosos que guaiten la vall amb ulls de desig.

Ni que quedés tota sola entre soledats, Siurana no deixaria d'ésser la sobirana d'aquesta rodalia. Però no quedarà sola mentre visqui el bon rector, l'admirable rector de Siurana, al qual aquesta altura ha encomanat l'heroisme. Ell viu content i optimista amb els seus trenta feligresos, i somia amb un gran esdevenidor per a Siurana. Us en parla amb una gran fe, amb la mateixa fe que té per les coses del cel. Ens consta que els pobles de la comarca menyspreen Siurana avui que la veuen pobra i minvant, i ja no hi pugen, com en altres temps, en llarguíssima processó de pregàries per la pluja. És tan alta, Siurana! Els homes de poca fe troben que el seu camí és massa costerut i pedregós. Oh, i tan sol·lícita que és, la petita Mare de Déu de Siurana! De trenta-sis vegades que s'han fet pregàries, ens diu el senyor rector amb xifres precises, trenta-cinc ha plogut, i l'única vegada que no va ploure es va salvar, tanmateix, la collita...

En pujar hem fet un bon tros de camí damunt la mula. Però no hi podríem muntar en el descens; tan pronunciat és el pendent del camí. Anem a peu... Ja som a baix, a la vora del riu. Des d'allí es veu millor l'alçada dels cingles.

Una noble amistat ens ha dut a Siurana, i a dalt hem trobat, en el senyor rector, un cordialíssim amic de molts anys, que no sabíem que ho fos. També a la vall, de tornada, hem descobert vells amics dins un molí solitari. I quan hem retrobat el camí ample i hem pujat novament al vehicle còmode, ens hem endut de les soledats de Siurana el doble perfum de l'amistat i del poliol.

Vila de Prades vermella

Quan heu pujat pels vessants de les muntanyes i sou a les envistes de Prades, albireu, al centre de l'alt planell, una clapa vermellosa. A mesura que us hi acosteu, en la clapa es destrien les formes de les cases, i la vermellor s'accentua. És el vermell fosc –color de mares de vi– dels carreus amb què l'església i la majoria de les cases de la vila han estat bastides. Dels estrats de pedra esmolada que serveixen de solera a les edificacions i que són visibles pels voltants, n'han sortit els murs rogencs que donen a Prades un especial caràcter. Sota el sol fort i dins l'aire clar, Prades vermelleja com un foc de brases. Som ja davant la vila, i ens obsessiona la vermellor dels trossos de muralla, de l'absis i del campanar de l'església. Vila de Prades vermella...

Hem entrat per sota el portal, que conserva els matacans que en altres dies el defensaven; fets amb carreus de pedra blanca, aquests matacans prenen un relleu precís damunt els carreus rogencs del llenç de muralla. Ens trobem tot seguit a la Plaça Major, emmarcada de porxos. Ací la blancor de l'argamassa i de la calç, que cobreix les cases, fa menys vermella la visió de la vila. Però si guaiteu l'església, la vermellor torna a esclatar davant els vostres ulls. I en passar pels vells carrers estrets i costeruts, altra vegada la pedra rogenca us obsessiona mostrant-se en les parets i en el paviment natural que forma en alguns llocs. Així em vist Prades, no pas com una fesomia de línies definides, sinó com una taca de color.

Tant o més que aquesta visió pictòrica, ens ha colpit en el nostre pas per Prades la visió de la humanitat tràgica. Els paisatgistes haurien girat preferentment els ulls cap als pics emboscats que circumden el planell. Nosaltres, des de l'automòbil en marxa, ens hem adonat d'una figura estranya que hi havia a la porta d'una de les primeres cases de la vila: un adolescent –ho semblava almenys– amb negra barba verge, vestit amb una llarga bata de noi, per sota la qual només es veien els mitjons i les espardenyes. Quina barreja d'home i d'infant!

Poc després veiérem aquella mateixa figura a la plaça, davant l'església. Feia uns gestos pueril i desordenats. De tant en tant, seguint un ritme, movia ràpidament els dos braços, com si fes l'acció de tocar de pressa unes timbales... Era un faltat, una d'aquestes grans tristeses humanes. «Això sembla una cosa russa», ens digué un dels nostres companys d'excursió. La gent del poble no en feia cap cas; mentre el pobret gesticulava, dintre la plaça dos cadiraires adobaven uns seients de boga esbotzats, i la quitxalla mirava quietament com els cadiraires treballaven.

Potser aquesta visió ens predisposà, aquell dia, a llegir en les fesomies de la gent de Prades una expressió dolorosa. El fet és que ens fixàrem en els rostres de molts homes, dones i criatures, on hi havia marcats els signes d'ancestrals privacions. «Penseu», ens deia un altre dels nostres companys, «que aquest poble de pagesos, de llenyaters i de carboners, ha viscut durant alguns segles menjant pa de sègol: tot just ara comencen a alimentar-se una mica millor.» Hem comprès la tragèdia d'una gent posada enmig d'un terrer aspríssim, mancada no fa gaire de bones vies de comunicació, vivint en un alt planell que té un hivern molt fred i molt llarg.

Si en la vostra visita a Prades aquestes idees us entenebreixen el pensament, i per esvair-les voleu veure un paisatge ric i alegre, arribeu-vos, caminant, a l'ermita de la Mare de Déu de l'Abellera. No hi fa res, que hi aneu al bat del sol; el vent fresc de les altures neutralitza els efectes de la solellada. Dins una cova natural, a la vora d'un cingle, hi ha l'estatge d'aquella Mare de Déu miraculosa, menuda com una nina. Abans de tornar-vos-en, fareu bé de sortir a guaitar al balcó que, des de la cambra posterior de l'ermita, dóna a la magnífica fondalada verda del bosc de l'Abellera, espès de roures i de pins...

Som de retorn a Prades, i hem de continuar la nostra ruta cap a la Pena, damunt Poblet. Abans d'endinsar-nos en els boscos que un dia van ésser disputada possessió del monestir i que donaren motiu a conflictes amb els pobles de la rodalia i a escenes de sang, girem el cap, i veiem encara, dreta al centre de l'alt planell, la vila de Prades vermella. I, dins ja del bosc, pensem que la terra on els homes habiten no és solament un paisatge pintoresc: és també l'escenari de la vida i de les lluites de les generacions humanes, que encenen la flama de les passions al mig de la impassible natura.

El Canigó

Salut, brava muntanya, gegant que presideixes l'estesa de terra d'una de les mes belles contrades on ressona el llenguatge català!

Davant la piràmide nevada, visió de perennitat, trobem confirmada la nostra opinió que les muntanyes són els guardians dels pobles. Les muntanyes immòbils, verdes o blaves o blanques, semblen indiferents als fets que passen a llur voltant, als camps i a les viles i a les ciutats on els homes, menuts, es belluguen. Però no en són pas, d'indiferents. Lur immobilitat no és insensibilitat. Tenen un cor profund sota la roca. Tenen ulls invisibles que guaiten la contrada. Tenen orelles que escolten la veu dels homes i entenen la parla que senten parlar. Tenen memòria, i recorden el passat. Tenen ideal, i esperen l'esdevenidor. Velles i altes i formidables, no són impacients, no porten pressa. Això els dóna un optimisme invencible, que va més enllà dels anys i de les centúries.

Salut, gegant del Canigó, que t'alces tot nevat davant la plana ubèrrima, rica d'aigua, rica de sol! Salut, Canigó encaputxat de neu, que guaites les serralades aspres, la terra baixa i la mar blava. Veient-te des d'una mica lluny, des d'un lloc on el panorama del Rosselló es descabdella en els seus successius aspectes magnífics, ens colpeix l'exactitud d'aquella imatge de Jacint Verdaguer:

> El Canigó és una magnòlia immensa
> que en un rebrot del Pirineu es bada.

Ara és tota badada, la magnòlia pura d'aquest jardí. El Canigó, amb cos de gegant i amb ànima d'infant, presideix, avui, com anys i segles i mil·lenaris enrere, la bifurcació de la serralada pirinenca, i mira tendrament, com un pare immortal, els conreus, les viles, els vilatges, les vetes d'aigua dels rius, l'ample llençol blau de la mar, i sobretot els homes que formiguegen, feiners, o que alcen els braços moguts per nobles sentiments.

Salut, Canigó! Salut muntanyes! Vosaltres sou la fesomia de la terra, les seves vetlladores i amigues segures! Altes i esquerpes i feréstegues per defora, conserveu, sota l'escorça de vegetació o de neu, sota el mantell teixit amb fullatges d'arbre o amb blanca roba de congesta, una tendresa humana. Pugeu amunt, però teniu clavades les rels ben avall, en el lloc obscur i misteriós on la terra guarda les reserves inexhauribles de la vida i la llavor de les races.

Magnòlia dels Pirineus, que has crescut en el test de terra que formen les Alberes i les Corberes: alça't més enlaire, arrela't més endins! Tot allò que en el món físic i en el món moral té altitud i profunditat, cim i rels, es manté incommovible entre les ventades i les crisis, a través del temps variable que passa i es fon.

Temporals de terra i mar

Des d'un punt alt vora la costa havem pogut veure el doble temporal de la terra i de la mar. Mentre les ones enormes s'esclafaven damunt les roques formant núvols d'escuma i entraven platja endins fins als camps immediats, pel barranc, quasi tot l'any sec, baixava la imponent torrentada, arrossegant, en el tumult de les aigües tèrboles, plantes i arbres i fruits, tota aquesta barreja que sembla producte d'un saqueig.

Al cap d'unes hores el cel ja era serè i la mar estava més quieta. Només el vent fort acusava la persistència del cicle tempestuós. I aleshores el nostre esguard s'estenia, a través de l'aire clar, sobre l'espectacle dels camps arrasats i de la mar, més intensament blava que mai.

I comprovàvem l'avantatge que té la mar damunt la terra. Mentre que en aquesta resten els solcs profunds dels corrents desviats, el marges caiguts, els arbres arrencats de soca-rel i els conreus coberts del fang i del pedruscall que hi han dut les avingudes, la mar recobra ben aviat el seu aspecte normal, sense que hi hagi damunt la seva superfície cap senyal de devastació o de tristesa. Si hi ha hagut naufragis, les ones llencen cap a la platja les fustes trencades i els cadàvers dels ofegats. Els records de morts o de ruïna que la mar es queda, els guarda dins el seu fons invisible. Quan encara la paüra del temporal és als ulls i al cor dels homes, la mar torna a ésser serena, tranquil·la i joiosa: vet ací una imatge de la impassibilitat.

Damunt la terra hi ha una incessant transformació. Hi ha la transformació lenta dels temps tempestuosos. En un mateix lloc el paisatge varia contínuament. Un aiguat impetuós esborra per molts anys la fesomia d'una plana. La mar, al contrari, ben aviat torna a ésser com sempre, igual a si mateixa, jove a través de les centúries i de les generacions dels homes.

Aquesta és una de les grandeses de la mar. Una grandesa que imposa i espaordeix alhora. La impassibilitat de la mar davant les tempestes i les catàstrofes ens revela tota la seva inhumanitat. La terra, al revés, és sensible. Reacciona davant les malvestats i els flagells. Cada dissort que li cau damunt deixa marcada una tràgica ganya de dolor en el seu rostre tou i vulnerable.

La mar invencible, la mar impassible, torna de seguida a la seva normalitat oblidant els temporals, indiferent a les dissorts que resten, com un heretatge, damunt la terra afligida. La mar oblida les seves pròpies malvestats al cap d'unes quantes hores d'haver-les comeses. La terra recorda molt de temps els cops adversos de les forces del mal. I és que la terra és humana, i la mar està fora de la sensibilitat dels homes. L'ampla lluïsor de la mar en eixir el sol després d'una nit de tempesta, és com un escarni al dol de la terra.

Els camins d'aigua

A despit dels progressos que des dels temps prehistòrics han estat fets en el ram de les vies terrestres, cal proclamar la superioritat dels camins d'aigua: camins suaus dels rius navegables, amples camins de la mar. Cal fer-ne l'elogi abans que l'aviació no els faci antiquats. Damunt de l'aigua no s'és esclau de la ratlla fixa, ni de l'espai delimitat, ni dels tombs i retombs, ni de les pujades difícils, ni de les baixades perilloses. Els camins d'aigua són sempre plans, sempre nets, i no tenen senyal de roderes. El solc de les esteles s'esborra aviat entre el movimient de l'aigua viva. A la mar no calen ponts, ni desmunts, ni terraplens, ni foradades. Les naus hi passen amb orgull de dominació. La terra és aspra, i la mà de l'home no ha pogut fer-li perdre del tot l'aspror natural. L'aigua és blana, quan els vents ni li porten el buf de la tempesta.

Els romans prou havien posat, damunt els vastíssims territoris que conquistaren, una xarxa espessa de camins calçats. En molts països no hi ha encara avui un sistema de camins tan perfecte com el dels que construïren fa dos mil anys els soldats de Roma. Sota les carreteres fangoses i plenes de clots apareixen sovint les llambordes de l'empedrat romà. Doncs, amb tot i les excel·lents condicions de les vies romanes, un poeta llatí dels primers segles de l'era cristiana, Rutili Numancià, quan havia d'anar des de Roma a les Gàl·lies, d'on era nadiu, triava el camí marítim. I ho justificava en uns versos que mossèn Llorenç Riber ha traduït bellament d'aquesta manera:

> No vull sofrir l'enuig del llarg viatge.
> He escollida la mar perquè les vies
> de terra, si són planes, brollen d'aigua;

si altes són, els còdols les destorben.
Més val al mar incert fiar la vela

Un poble mariner com Catalunya, que té en el camp bellugadís de la mar la meitat de la seva història, ha de girar els ulls cap als horitzons marins. Un altre poeta llatí, Paulí de Nola, presentava Tarragona encisada per la visió obsessionant de l'aigua blava. I feia la lloança de la ciutat

> d'alterosa testa
> i d'ulls de marbre embadalits i immòbils
> que mai del mar el seu esguard no allunya.

Camins d'aigua, blaus camins de la mar, amb soroll de rems i d'hèlixs, amb batec de veles i amb xiulets de vapor, vosaltres crideu l'home del litoral cap a la llunyania de l'aventura. El crideu per voltar-lo de perills, però també per donar-li el premi del seu esforç i de la seva audàcia.

Gent de mar

Quan tracteu amb gent de mar i arribeu a conèixer-la teniu la impressió molt clara que aquella gent és d'una altra mena. L'ofici marítim ha emmotllat fortament l'ànima dels pescadors i mariners. En els pescadors, l'ofici remunta dels fills als pares, als avis, als besavis, i va més enllà que els records dels vivents. Les famílies dels pescadors són les més fidels a la tradició de l'ofici ancestral. La veu de la mar actua damunt d'elles més imperativament encara que no la veu de la terra damunt les famílies de la pagesia. A cada platja podreu trobar els representants de llargues dinasties de pescadors.

Dins l'ànima de la gent marinera les virtuts i els defectes humans apareixen en una proporció i una combinació característiques. Comparant un pescador i un pagès us adonareu que formen, potser, les dues menes de gent més dissemblants en la raça dels homes. La docilitat del pescador contrasta amb l'aspror del pagès. En la gent de mar no trobeu gaire l'egoisme, la malfiança, l'astúcia i la sornegueria que tant abunden a la muntanya i al camp. Les passions de l'home de la mar són generalment menys violentes i més callades; però n'heu de témer els esclats.

Mentre que el pagès és positivista, particularista, amic de les coses concretes i tangibles, el pescador, acostumat a l'amplitud i a la monotonia dels horitzons marins, és generalitzador i viu en una vaguetat de somni, com diluït en les immensitats que el volten.

El pagès és home de comptes clars, que estima el guany segur i les coses conegudes; ell conrea tot l'any la mateixa terra ben aprofitada, i camina cada dia pels mateixos vells camins. El pescador té la seva paga en les parts alíquotes que contínuament varien, segons l'atzar del cop de xarxa; ell solca la mar lliure per camins d'aigua cada dia diferents, on l'únic senyal del pas és l'estela moridora.

El tracte amb els pescadors fa néixer una gran simpatia per aquesta gent que viu una mica allunyada del món, entre el perill i l'esperança. Als pescadors, els plau de parlar d'ells i de llur feina; els plau de contar les peripècies de l'ofici, els espisodis feliços o dramàtics de llur vida, les anècdotes del viure quotidià. Sovint cauen en un llarg mutisme contemplatiu o reflexiu; altres vegades es posen a parlar abundantment, amb paraula premiosa, però pintoresca, i diuen frases justes i fan imatges poètiques.

Mentre que el pagès té tendència a filosofar, el pescador té tendència a poetitzar. La gent de terra estudia els fets. La gent de platja s'atura en la vaga contemplació, enlluernada pel rostre de la mar. El pescador és un infant tota sa vida; el pagès ja és vell en la seva joventut. Els defectes i les virtuts de l'un i de l'altre corresponen aproximadament a aquesta distinció psicològica.

Conèixer la terra és una obligació moral que tots tenim. Conèixer els homes que la poblen és una altra obligació de la mateixa mena. I si és bo de travessar els nostres camps i de pujar a les muntanyes nostres, és bo també de baixar fins a les platges i d'entrar mar endins, a l'ombra d'una vela que batega com un cor.

No hi ha en totes dues grans blavors –mar i cel– portes ni fites, i les naus ambicioses poden anar endins sempre. L'atracció del més enllà crida l'home. I si una vegada el crit és prou fort per a desvetllar-lo i encendre'l d'ambició, veureu que al pal mestre de la nau apareix la bandera d'aventura.

Els fanals de la mar

Ja s'ha fet fosc damunt la mar i damunt el camp. Nit estelada, amb una lleu boirina que atenua les lluïssors dels estels. A l'occident la darrera claror del sol post encara marca en el cel la silueta de la ciutat alta de Tarragona...

De sobte ens hem girat, i hem vist, sota nostre, la mar constel·lada de llums. Són les barques que fan la pesca a l'encesa. Oh, el bell espectacle! Ni la nit de lluna –clàssica i romàntica–, ni la celístia de la muntanya, ni les fogueres de sant Joan damunt els turons, ni les lluminàries de festa, no tenen l'encís d'aquesta visió nocturna. S'esvaeixen les barques, i només queden els llums. Són els fanals de la mar.

Si voleu tenir la sensació d'un estat entre la vetlla i el somni, asseieu-vos, una d'aquestes nits, davant la mar que té els fanals encesos. L'aigua s'ha adormit. Els llums, en múltiples rengleres, resten fixos. Hi ha una renglera de llums –avançada d'estels– que és molt prop, a l'entrada de la petita badia. Són cinc fanals de claror viva i blanca. Llur esplendor il·lumina l'aigua llisa, i aleshores comproveu, pel bellugueig de la franja argentada, que la mar, adormida i tot, palpita.

Els vostres ulls són oberts, ben oberts, àvids de l'espectacle. Però us sentiu assaltats per una volior de records llunyans, potser de la vostra infància, potser de més enrere, de les vides dels avantpassats. La claror dels fanals us ha entrat tan endins, que us ha arribat a les fondàries de l'ànima. I els records que hi estaven ajocats anys i anys, s'alcen al conjur de la llum subtil. No sabíeu que hi fossin; no esteu segurs si són ben bé vostres. Quan els voleu precisar i identificar, ja han fugit, com les fantasmes.

Però davant vostre encara veieu els fanals, immòbils. Us imagineu que són els fanals d'una ciutat que hi ha en una illa pujada miraculosament de sota l'aigua, enmig del silenci nocturn. No penseu en les barques, ni en els pescadors, ni en les xarxes parades. La vosta imaginació, en lloc de reconstituir l'escena real que al voltant dels llums es descabdella, llisca pels pendents de la fantasia, fa callar el judici –que és el crític de l'esperit humà– i es complau a bastir visions incoherents, en les quals es barregen les reminiscències boiroses i els desigs pregons. No és aquest mateix el mecanisme dels somnis?

En la nit els llums de l'aigua són ulls insistents que xuclen els ulls nostres i l'ànima nostra... Ens alcem per fugir de l'obsessió. Adéu, fanals de la mar, evocadors de records perduts, suscitadors de meravelloses fantasies! Estem segurs que aquesta nit, quan dormirem dins la cambra negra, us encendreu per a nosaltres sols, i, somiant, us tornarem a veure, oh fanals màgics!

Ulls oberts o ulls tancats, tot és el mateix somni.

BOTÀNICA I ZOOLOGIA

Les oliveres

Qui diria, veient-les tan modestes, que les oliveres són un arbre d'alt prestigi? L'olivera és un dels primers arbres que la Bíblia anomena concretament; és el símbol més antic en la història de la humanitat. Arbre de la pau, s'ha esforçat per deturar damunt la terra, des de bon començament, la doble fúria de la natura i de l'home.

L'olivera és un arbre fi, nerviós, de sòbria elegància. Té un aire de discreció i de distinció. És afectuós sense ésser efusiu. És reservat sense ésser esquerp. Enemic del luxe, és, en canvi, amic dels plaers espirituals. És l'arbre més aciençat i més civilitzat.

En el cos de l'olivera hi ha els senyals evidents del dolor. Passats els anys de la joventut, les branques es retorcen, la soca es torna irregular i fosca, i apareix solcada de clivelles que més endavant són forats. Un oliver vell és una visió tràgica.

Però l'arbre dolorós, retorçat, tràgic, sap dominar dignament el seu patir i ens ofereix les virtuts de la fulla, de la flor i del fruit. Les fulles menudes gracioses, de color verd fosc al damunt i de color argentat al dessota, brillen tot l'any al sol i, més encara, en el moment que el cel s'aclareix després de la pluja. No hi ha arbre més joiós que l'olivera quan, mullat encara el fullatge, el sol hi fa saltar l'espurneig de les lluïssors.

L'olivera florida és el miracle d'un cel estelat en ple jorn. Les flors, estels incomptables, són una polseguera blanca damunt l'arbre. Un oliverar florit és com un sistema còsmic.

El fruit de l'olivera és ric del líquid daurat, espès i suau que amoroseix les menges dels homes. I amb les menges amoroseix també les vides. L'oli que surt de l'oliva donà a l'home el primer element de bondat per a contrarestar l'aspror dels instints naturals i els xocs de la violència. Aquest arbre pacífic té el fruit amorós.

Arbre noble, la noblesa de l'olivera és despullada d'ostentació i d'orgull. Mentre és jove, pot alternar en els jardins. Però no li sap greu de viure a les hortes, ni de fer companyia a les vinyes i als sembrats.

A les oliveres els plau d'arrenglerar-se seguint el perímetre dels trossos de terra i formant un cordó fronterer. Encara en això exerceixen una missió pacificadora; estalvien marges, parets, tous de bardissa i xarxes de filferros, que separen els trossos amb sorruda malfiança i trenquen la unitat de les plantes de conreu.

Aquest arbre dolorós és un arbre bondadós. De la seva bondat ha nascut el seu dolor. El turment que pateix és degut a l'espectacle de les follies de la natura i de les misèries humanes. Ell és el símbol de la pau, i ha hagut de veure la llarguíssima sèrie de catàstrofes, i crims i guerres del món.

L'olivera, bona i pacífica, sent pel món i per l'home amor i horror.

Els garrofers

Ample i rodó, generós i patriarcal, amb soca múltiple, el garrofer és amic de la terra i de la mar, i dels homes de pagès i de marina, i de les bèsties que treballen al camp i tresquen pels camins.

Plau-li de formar cúpula i de tocar a terra amb el brancatge, cobert de fulles tot l'any. Així esdevé sopluig i umbracle, menjador rústic i cambra per a dormir-hi la migdiada.

Plau-li de tocar a terra, hem dit. I és ben cert. Però no vol tocar-la en desmai inútil, sinó en viril contacte. Amb la multitud dels seus braços nuosos doblegats cap per avall, el garrofer es recolza sensualment damunt del terrer i de la trona de rocs que sovint volta la soca.

Les branques, aspres, tortes i poc flexibles, fan de columnes i d'arcs i de bigues i de puntals al garrofer, que en els seus bells exemplars –els que nosaltres descrivim ara– és de construcció sòlida i espaiosa com una masia antiga. Arbre íntim i protector, té finestres amb gelosia i té portes amb reixat.

Les petites fulles, ovals, rígides i envernissades, li donen el seu permanent i brillant color verd. Les fulles que moren i cauen posen en el pis una catifa rogenca o moradenca, segons l'hora del dia i segons el raig de la llum.

Els garrofers estimen la mar i la volen veure. Arbres de la zona litoral, són més expansius i cordials que els arbres de l'interior. Amb els tapissos de l'abundant fullatge, cobreixen molt més que les oliveres la tortura de llurs branques irregulars.

Amb tot i el seu aspecte humil, el garrofer és un arbre de meravelles. Un dia veureu que guarneix les rames amb la seva petita flor clara i arraïmada. I veureu un altre dia penjades a l'arbre les menudes coques que anomenem garrofes, mot pres als sarraïns i al qual la pronúncia vulgar dóna un immerescut so grosser. Les coques suspeses –talment ofrenes d'un arbre de Nadal– es couen a sol i serena, i després són servides a les bones bèsties que ajuden l'home en les feines dures. No hi ha gaires plats de cocs i coquesses, no hi ha gaires pastissos ni gaires tortells que tinguin la sana olor d'aquesta menja d'establia. L'olor d'aquest fruit és compendi i extracte de la que fan les millors herbes de bosc.

Garrofers rodons, amples i acollidors, vius hemisferis verds, pacífiques tendes de campanya; vosaltres sou arbres bons, humans i liberals.

Sou bons i sou benefactors. Ho sou pel clap de color i d'ombra i de refugi que poseu damunt la terra prima i pedregosa. Ho sou pel vostre fruit, dolç i flairós, fet exprés per als cavalls i els muls i els ases resignats, que treballen cada dia al servei de l'home, en el treball primitiu i etern de la terra nodridora.

Els noguers

Arbre amic de la muntanya, el noguer és el millor guarda de les fonts. Sota l'ombra dels noguers que protegeixen el doll d'aigua, un pedrís rústic és el més dolç lloc de descans: doble descans del cos i de l'ànima. L'ombra dels noguers és clara i fresca, i els tremolosos forats de sol la converteixen en un sedàs lluminós i bellugadís.

De soca robusta i de fusta dura, el noguer és un arbre ferm. El seu cos és sòlid. Al noguer no li fan por els aiguats ni les ventades, i només el llamp és capaç de nafrar-lo i d'abatre'l. El noguer és una imatge de la fortitud.

Fortitud serena. Fortitud de patriarca rural que té davant seu una llarga vida i està avesat a contemplar el pas de les generacions dels homes. Arbre de virtuts pageses, equànime, sense sotracs ni angúnies ni crisis violentes. Té confiança en ell mateix, i guaita el cel i la terra, els ocells i els homes amb una tranquil·la seguretat.

El noguer és un arbre de bona fusta. Sembla que ell n'estigui content i que ja sàpiga que més enllà de la mort l'espera una altra vida, en la qual entrarà a la llar dels homes, transformat en taules i cadires, armaris i prestatges. I aleshores la gent de la casa el lloarà, tot mostrant el moble: «És de noguera!»

Les clivelles verticals que s'obren a la soca del noguer la cobreixen d'un dibuix ratllat i li donen l'aspecte d'una columna estriada. El noguer és un arbre d'estil clàssic.

Fines, primes, clares, llustroses, ovalades, les fulles del noguer posen la gràcia del moviment damunt la incommovible armadura de l'arbre. El més lleu oreig les fa estremir joiosament. Així la fortitud de l'arbre va acompanyada de la sensibilitat. I potser és per aquesta sensibilitat que el noguer estima la companyia de les fonts.

Arbre fort i sensible, és el més apte per a donar ombra i conhort a l'home que s'atura en el camí. El noguer no us fa la sensació d'indiferència que us causen altres arbres abstrets o distrets. Tal com escolta el soroll del raig d'aigua, escolta el batec del cor humà.

I el cor de l'home estima aquest arbre amic. La visió d'un noguer –cúpula de color verd clar– ens alegra els ulls i l'ànima. Entre les visions inoblidables dels nostres primers anys, hi ha un ample i vell noguer que feia ombra a un pou de masia.

El fruit del noguer, dalt de l'arbre, amb la pell verda i gruixuda, té una regularitat geomètrica. La nou és aleshores el més regular i el més polit dels fruits ovals. Ve a ésser un projectil. A mesura que va madurant, la coberta de pell s'aprima, s'asseca, es trenca i es desprèn, com un embocall provisional que és; i dessota apareix la capseta de fusta arrugada, composta de dues valves ajustades convenientment, i dividides en quatre departaments simètrics on el petits grillons de la nou estan acomodats. És una de les capses més ben fetes del regne vegetal. El noguer pertany, indiscutiblement, a l'art de la fusteria.

Les figueres

La figuera és l'arbre de la pompa verda i del goig de viure. Arbre opulent, sensual i optimista, estima la terra i s'hi arrela amb força. No té refinaments d'elegància ni aspectes subtils. Però té franquesa i bondat i fecunditat. És un arbre menestral.

La figuera es guanya tot seguit la simpatia dels homes i dels ocells. Els dóna, en el temps de la calor, bona ombra i fruit gustós. És com una mestressa de casa provident i generosa, que no sap gaire d'art ni de ciència, però que coneix les delícies de la vida i sap el que és el benestar. Diríeu que la figuera se sent satisfeta de si mateixa i que vol satisfer els altres.

En arribar la primavera, brosta amb una violenta empenta vital, i en pocs dies la saba lletosa es transforma en fulles –palmells de cinc dits en les varietats més comunes–, que us allarga com unes mans d'amistat, lleials i obertes.

Aquestes fulles són grosses, nervudes, llustroses, testes i resistents. Serveixen, quan cal, d'ornament, de plàtera o de tapadora.

L'arquitectura de l'arbre és una mica feixuga. La soca, de color de cendra, inflada i abonyegada, puja com una columna robusta, d'estil poc depurat. Les branques també són gruixudes i cendroses. Mostren, com les del garrofer, la tendència a tocar terra i a convertir l'arbre en una closa tenda de campanya; però no ho aconsegueixen tan sovint.

Amb la doblada de soca i brancatge, amb l'esclat ufanós de les fulles, la figuera pren l'aparença d'un arbre fort. Però no us en fieu gaire! Probablement, ja des de quan éreu vailets, heu après que l'aparença enganya. Aquest gegant té el ossos trencadissos. Prou us recordareu d'aquella vegada que, enfilats dalt de l'arbre una branca –i tan gruixuda que era!– va trencar-se sota els vostres peus. Potser no vau arribar a caure; però l'esglai ja hi va ésser.

I el fruit de la figuera? Els millors poetes –clàssics i moderns– han cantat les figues, i els pintors d'abans i d'ara les han pintades, en l'arbre o en el cistell. Les figues són unes menudes bosses de confitura. Més que blanes, son toves com una pasta. Més que dolces, emmelades. La maturitat les clivella i les colltorça. És que es moren d'amor pels llavis humans i pels becs dels ocells. En la llista de les menges preferides pels pardals –figues, cireres, grana– les figues tenen el primer lloc. I el pardal és un ocell que ho sap entendre.

Les figues són la millor fruita matinal. Fresques de l'aire de la nit i de la matinada, humides del rou, us refrigeren per tot el jorn. Els qui es lleven tard –en el pecat troben la penitència– no poden heure'n tota la delícia.

Figueres pomposes, fecundes, alegres i frèvoles, us diem «salut!» de bona gana. No us arribem a estimar, com estimem les oliveres i els garrofers; però ens agradeu. Sota de vosaltres o vora vostre no ens és avinent de filosofar ni de subtilitzar; però, en canvi, ens feu assaborir una joia tranquil·la com el vostre fullatge, dolça com el vostre fruit i –ai las!– fràgil com les vostres branques.

Les atzavares

Feixos de glavis posats de punta al cel, les atzavares donen a la garriga l'aspecte d'un campament bèl·lic. Les enormes fulles, carnoses i fibroses, acaben en l'agulla dura i forta. De segur que en els temps de la prehistòria, els extrems d'aquestes fulles van ésser utilitzats com a armes. A més dels ganivets i sagetes de sílex, els homes de l'edat de pedra devien emprar els punyals d'atzavara. I si en els jaciments prehistòrics no n'ha quedat rastre, és perquè la matèria d'aquests punyals els ha fets fonedissos dintre la pols dels llargs segles.

L'atzavara és per a nosaltres una planta estranya. És estranya geogràficament i cronològicament. Sembla una planta d'altres edats i d'altres regions. Diríeu que és una romanalla de la flora d'anteriors edats geològiques, o bé una mostra de la flora opulenta d'altres climes.

La seva arquitectura és desproporcionada. L'atzavara té forma d'herba i grandària d'arbre. Sembla una herba vista a través d'uns vidres de multiplicar, al contrari d'algunes plantes petites, que semblen arbres de miniatura. Heus ací com en la botànica hi ha de vegades una falta d'harmonia estètica. La bellesa de la natura no és perfecta i total. En la natura hi ha coses incompletes i coses esguerrades. Per això l'home ha de col·laborar amb les forces naturals per encarrilar-les i aprofitarles en el sentit de la utilitat i de la bellesa.

En aquests feixos de glavis que veiem a les garrigues, o tocant als marges, o a les vores dels camins, es drecen sovint uns pals llargs com astes de bandera, que floreixen al capdamunt. Semblen els gonfanons d'un exèrcit invisible, compost de soldats ocults dins la trinxera, que només deixen veure l'ampla fulla de llurs glavis punxeguts. Algunes fulles apareixen doblegades; són glavis torçats pels cops de la imaginària batalla.

Tanmateix, aquesta planta estranya, exòtica, extempòrania, és un element característic en el paisatge d'una bona part de Catalunya. A les terres eixutes i pedregoses de la Catalunya Nova les atzavares són un detall pintoresc i fisonòmic. Però, què ho fa, que aquesta planta sigui mirada pels nostres ulls amb més curiositat que no afecte? L'atzavara és una planta esquerpa. Quan us hi acosteu sentiu una mena de malfiança. Podríem imaginar que passa per la vostra ment la temença que els invisibles guerrers no surtin de terra empunyant els glavis gegantins.

L'home, en el seu esforç per aprofitar i millorar la natura, ha sabut convertir les atzavares en un element decoratiu. Atzavares mitjanes i petites, sobretot les de fulles mostrejades, apareixen en gerros alts, damunt les portes dels xalets i als murs dels jardins.

Planta resistent, l'atzavara desafia l'enemistat atmosfèrica i adreça sempre cap a dalt les puntes dels seus glavis, com si volgués esqueixar les boires, els núvols i el cel.

L'espígol

Les tres herbes oloroses més populars a la nostra terra són la farigola, el romaní i l'espígol. Hi tenen també un lloc important l'orenga, la sajolida i algunes bones herbes d'aquelles que apareixen a la fira barcelonina de sant Ponç. Dins la trinitat cabdal nosaltres no sabriem triar l'herba preferida. Les estimem totes tres. Cadascuna té les seves virtuts. Cadascuna ens porta, amb la flaire pròpia, un record íntim i una sensació plaent. No hi ha cap essència de perfumeria que, per a un olfacte verament delicat, pugui comparar-se amb l'olor d'aquestes herbes.

Les estimem totes tres. I si el nostre amor va a totes tres per igual, hem de dir, tanmateix, que l'espígol és la més esvelta i la més gentil. Mentre que la farigola i el romaní s'obren com un arbre diminut en la multiplicitat del brancatge, l'espígol de tija prismàtica puja dret i alt. La seva tija és una llança.

Les llances de l'espígol s'alcen damunt el pendís de les muntanyes, dels comellars i dels pujols. Un esplet d'espígol és com l'estesa d'un exèrcit. L'oreig mou les tiges primes, i aleshores sembla que els guerrers enardits moguin les llances en el moment d'entrar en combat i d'invocar el Déu de les victòries.

Un manat d'espígol és com un feix de sagetes protectores. I quan la mestresa de la casa lliga el manat al capçal del llit, hi posa unes armes subtils que us han de defensar contra els esperits dolents, i us han de portar, amb la dolça olor, el goig de viure.

L'olor de les bones herbes us fa obrir el pit en una aspiració ampla i profunda, que porta fins a la sang llurs efectes benèfics. Cap herba com l'espígol no té una tan pronunciada virtut. La seva olor és sedant i és reconfortant. És una olor per als qui tenen salut i volen conservar-la, i per als malalts que l'han perduda i volen recobrar-la. Els malats més greus, i els agònics i tot, si mantenen els sentits clars, troben conhort olorant un feix d'aquestes llances frèvoles.

És bona, l'olor de l'espígol tendre, i la de l'espígol sec, i la de l'espígol cremat. La flama de l'espígol encès purifica les cases. I una de les fineses rurals més dignes d'agraïment és fer dormir l'hoste entre llençols perfumats amb espígol. Doneu-nos la roba de dormir amb olor d'espígol, i la interior roba de vestir amb olor de bugada. Aquests són els millors, els més nets, els més fins i els més nobles perfums del món.

Té l'espígol, amb les seves llances dretes, alguna predestinació bèl·lica? La virtut sedant del seu perfum és potser contrarestada per l'averany de la seva forma d'arma? Les muntanyes i les comes que l'espígol cobreix i embalsama, són especialment susceptibles d'esdevenir camps de lluita? Si fos així, l'espígol donaria als combatents, i sobretot als nafrats i als moribunds, el suprem consol de la seva flaire, que és una de les més pures delícies que l'home pot trobar damunt la terra.

Les cireres

De totes les fruites que el sol madura, són les cireres les que millor representen la gràcia i la pulcritud. Per això les estimem amb els ulls, abans de clavar-hi les dents. La bellesa de les cireres és graciosa, i aquesta és la bellesa millor. La gràcia dóna un encís espiritual a la bellesa de les formes. Lleuguera i menuda, la cirera és feta expressa perquè l'agafeu pel mànec prim, amb les mans netes, i us la dugueu als llavis sense tocar-la amb els dits. És fruita de bon tast per a les boques joves: les cireres i els llavis tenen el mateix tendre color vermell.

La pell de les cireres és de setí; una pell tènue, suau, lluent i tibant. Bones per dins, les cireres són boniques per fora. La pell dels préssecs és massa aspra; la pell de les figues és massa gruixuda; la pell de les taronges és una capsa de cartró pintat. En les cireres, la pell fina és el primer encís que hi trobeu.

Petites fruites agradables, riques de virtuts fisiològiques, plenes de distinció, les cireres poden ésser menjades amb una pulcritud elegant. No són massa sucoses ni massa eixutes. No ofereixen un gran tou de carn al cop de dent. No porten massa enllà la fruïció saborosa. No són sensuals. S'assemblen més a les dametes ingènues que no a les matrones opulentes.

Bona i bella és la cirera, bo i bell és el cirerer. El tronc del cirerer és cilíndric, massís i fort, amb una escorça llustrosa, clivellada en anelles. Les fulles, de color verd fosc, fan ressaltar més l'alegre vermellor del fruit madur. El cirerer és un arbre d'alegria. Les cireres penjades són com uns fanalets de festa. Ja abans, en el temps de la florida abundant, el cirerer exhibeix la seva optimista blancor. Ell no és heroic, com l'ametller, arbre impacient que s'arrisca a florir entre fred i vent i gebre. El cirerer floreix en plena primavera, amb una tranquil·la seguretat.

Les cireres pesen poc, i no arriben a fer feixucs els cistells que les duen. Dins el cistell la fruita menuda vermelleja i brilla. Cistellet de cireres, cistellet de robins. Quan una donzella porta al braç el cistell de cireres, el seu rostre es fa més clar i la seva passa es fa més àgil.

Generalment les cireres se us presenten unides pels mànecs en arracades de dues, de tres i de quatre. A l'arbre formen flocs de cors minúsculs, encesos per la llum, moguts per l'oreig. Al cistell, les unes arracades es lliguen amb les altres. Tots heu dit o heu sentir dir: «Aquestes coses són com les cireres, que quan n'estireu una, us en segueixen moltes més.»

Els globus que als basars donen als infants són fets sobre el model de les cireres. No us hi heu fixat? El cordill prim i l'esfera inflada dels globus són com el mànec i el fruit rodó de les cireres. Diríeu que aquests globus són cireres gegantines. Però la desproporció de la mida desfà la gràcia, i en els globus només hi ha l'inflament grotesc. Les coses grosses poden esser reduïdes a miniatura sense perdre la gràcia, i de vegades la reducció les fa encara més gracioses. Però les belles coses petites es fan grotesques quan són sotmeses a l'ampliació.

Els préssecs

Aquesta fruita d'or, rodona i molsuda, representa en el món de les fruites la riquesa opulenta. És una fruita de plenitud i d'abundància, orgull de l'hort, alegria de les cistelles curulles, ornament de les plàteres en la taula parada.

La bellesa dels préssecs és una bellesa de salut i de vida forta. Altres fruites de color viu semblen pintades; les menudes cireres, les encara més menudes maduixes de bosc, per exemple. Als préssecs, el color d'or i grana els ve de dins. Al costat de les prunes pàl·lides i de les peres pintades de color verd rosat, els préssecs triomfen, dominadors.

Fruita carnal, sensual. Sota les seves formes plenes i acolorides, la força de vida es fa exigent. No us heu fixat quin és l'instant de màxima fruïció quan us mengeu un bon préssec madur? És l'instant de mossegar aquella carn d'or. La dent s'hi enfonsa, ràpida i àvida. L'amor als préssecs és un amor a mossades.

Forts de color, turgents, sucosos, lluminosos com l'estiu, els préssecs enjoien els horts i alegren les taules. Són fruita de bona mena, de bona casa, diríem; la sensualitat no els fa perdre la distinció senyorial. És una sensualitat que no arriba a la luxúria. Els préssecs no son vanitosos ni desdenyosos. Però conserven a l'arbre, a la plàtera, al llavi mateix, la dignitat de llur nissaga.

Un dinar d'estiu sense préssecs per postres no és, a la nostra terra, un bon dinar. El regnat estival dels préssecs no és gaire llarg, però és intens i preponderant. Al mes de juliol, sobretot, els préssecs regnen. Les altres fruites, més humils, els fan d'acompanyants en la cort de les plàteres i les fruiteres.

Sensuals són els préssecs; però tan nobles com sensuals. Nobles pel color; nobles pel sabor. Quan heu mossegat amb ímpetu el tros de préssec, el suc, d'una dolçor que no embafa, us omple la boca, contenta de la presa que ha fet.

La benedicció cau tota sola damunt aquesta taula de juliol, voltada per l'amistat, presidida per la fruitera on triomfen els grossos préssecs que una mà generosa i sol·lícita ha collit de l'arbre, per a nosaltres, unes hores abans.

Les roses

La rosa és la flor de la senyoria espiritual. Flor suau, de seda viva, el seu color i el seu perfum li donen la reialesa en els jardins, la glòria en el pit dels jovençans. Sobirana de les flors, la rosa rep el vassallatge dels cors i l'admiració dels ulls claríssims.

Aquesta flor té les millors virtuts del món. Té les seves qualitats en el més alt grau: és bellíssima, finíssima, fragantíssima. No és orgullosa, però sap quina és la seva formosor, i somriu a les dames i als cavallers. La seva cordialitat és neta de coqueteria i de desig. La seva fragància no embriaga ni excita: és una fragància pregona que us entra dins de tot de l'ànima i hi suscita un esbart de recordances vagues i de pressentiments indefinits. La rosa és flor de somni. Oloreu, amics, una bella rosa, i si ensems concentreu la vostra atenció, l'efluvi us durà com un record enyoradís de vides anteriors i com una anticipació de vides futures.

Flor sana i flor galana, la rosa no té el perill de la perversió ni de la traïció. El seu misteri és ple de llum. És el misteri de l'amor, del bon amor que dóna sentit a la vida. La rosa és filla d'una besada casta. Flor del bé, és tan formosa com les mes temptadores flors del mal, i no té llurs metzines terribles.

Un paisatge sense aigua, s'ha dit, és com un rostre sense ulls. Nosaltres direm que un jardí sense roses és com una ànima sense amor. Vives, les roses tenen el lloc al jardí, palau de llur reialesa. No poseu els rosers en balcó ni en finestra, en test gran o petit. Les roses són les flors de jardí per excel·lència. Els rosers arrenglerats a la vora dels caminals, o al voltant dels brolladors, o guarnint arcades, donen als jardins el millor caràcter senyorial.

Fora del roser, collides, les roses no volen poms ni pomells ni pitxers. Volen lluir amb vida nova al pit de les dones joves, al pit dels galants. Dames que ja teniu edat, cavallers que ja heu fet anys: no us posséssiu roses al damunt, que la rosa és flor de joventut, i de primera joventut.

Les roses són belles abans de l'esclat, en l'esclat i després de l'esclat. Són belles en poncella, en ple desplegament de les fulles i en esfullar-se. Les més nobles varietats són, en la mort, tan pures com en la vida. S'esvaeixen i no es podreixen. No s'assequen tristament; no deixen el cadàver marcit o ert en la branca, com el cos d'un penjat. Aquestes roses pròcers moren lentament, fulla a fulla, en un llarg desmai.

Els clavells

«Quina flor preferiu?», van preguntar-nos un dia. I contestàrem: «Trobem que la més bella flor és la rosa; però nosaltres ens estimem més el clavell.»

Ens estimem més el clavell, tot reconeixent la supremacia estètica de la rosa. Admirem la rosa amb els ulls, i en gaudim la rica flaire. Però l'amor preferent del cor nostre, en el reialme de les flors, és per al clavell. En bona veritat, el cor té raons que la intel·ligència ignora. I les raons cordials que ignorem intel·lectualment abunden en aquest reialme dels colors i dels perfums.

El clavell és una flor opulenta; però no arriba a ésser aristocràtica. La rosa, la saludem amb un acatament cerimoniós. El clavell, l'abracem com si fos un amic íntim, que no vol que li fem compliments. No li plau l'etiqueta floral, ni és gaire mirat en la pròpia indumentària.

La passió és la característica del clavell. Una passió esclatant i desbordant. El clavell és l'incendi que segueix l'explosió passional. Sota el sol, el clavell crema amb les seves flames vermelles, grogues, blanques. És la flor flamejant. I quan és posat damunt el pit, o en els cabells de les dones, hi fa lluir la claror del foc.

Els clavellers, a peu pla en el jardí, no ens agraden gaire. Ens fa llàstima de veure'ls sostinguts, com uns pobres esguerrats, pels lletjos aparells ortopèdics fets de canyes. Els clavellers són per a posar a bona alçada, amb els clavells penjant com vivíssimes flames que oscil·len al pas de l'oreig. Són plantes de balcó, de finestra i de terrat. Són plantes de jardí acri.

Els clavells van bé per a fer-ne poms. Un pom de clavells és un gran clavell únic. I si posem en el pom clavells de colors diversos, la flama policroma s'encén amb un foc més radiant.

En el perfum de les roses hi ha un misteri torbador; és un perfum que us recorda vagament els vostres somnis de joventut. El perfum dels clavells no us separa de la realitat de cada dia.

A l'extrem de la llarga tija el clavell obre el seu plomall ardent, que il·lumina i embalsama la nostra hora.

Els grills

Negres, negres rogencs, els grills porten uniforme de funerària. Aquest dol rigorós i general dels grills deu ésser la recordança d'alguna antiga dissort de llur espècie.

Els grills són l'evocació de la nit. Ho són pel color del menut cos negre i per llur xiscle nocturn. Van vestits de nit. Són miques de tenebra. Quan la nit s'esvaeix queden unes engrunes de foscor entre les mates d'herbes i sota els terrossos del conreu: són els grills.

El grill, el llagost, el borinot, la granota i algunes altres bestioles més pertanyen a l'ofici dels joglars. Són bestioles del circ natural. Fan habilitats gimnàstiques i donen concerts. Les unes salten, cadascuna amb el seu característic salt. N'hi ha que, a més de saltar, canten, ballen i toquen instruments. La granota salta i canta. El llagost només salta, però és el més constant i més hàbil saltador. El borinot balla, i ell mateix acompanya la seva dansa amb una música cançonera. El grill salta, i toca el seu violí estrident.

Com a saltador, el grill és molt inferior al llagost, el seu company de rostoll. Salta menys, i el seu salt és més curt i menys ràpid; però com a músic és l'element més cèlebre d'aquesta companyia de varietats. En els concerts nocturns el seu ric-ric domina el so de l'orquestra. El refrec dels seus èlitres produeix aquest crit agut que esqueixa com un finíssim glavi l'aire de la nit calmosa i es clava orella endins.

El crit dels grills és un crit de protesta. Febles i tot, els grills són agosarats, tossuts, provocadors. Desafien la ira de l'home exasperat pel xiscle penetrant, i és difícil de reduir-los a silenci i callament perpetus. En els moments més compromesos per a ells són astuts, i saben desorientar amb una oportuna pausa el furiós perseguidor. El grill és un etern rebel.

L'enorme potència sonora del grill és desproporcionada al volum del seu cos. La força i la celebritat del grill radiquen enterament en els seus èlitres durs i musicals. El seu cos aplanat és tou i pastós. Si voleu agafar viu un grill, heu de tenir compte a no esclafar-lo amb els dits de les vostres mans.

El crit del grill és la llei de la seva vida nocturna. Ni la presó ni l'exili no poden fer-lo callar. Quan la nit arriba, el grill, onsevulla que es trobi, dissolt en la fosca de la qual ha sortit, refrega amb ràbia els èlitres i alça el seu implacable xiscle venjatiu.

Els llagostos

Entre les bestioles del camp, el llagost és el gran saltador: viu saltant en la claror del dia. I el seu goig de viure s'exterioritza en el salt. Les seves serres —crosses llargues— es disparen com un ressort; el cos surt rapidíssim i marca en l'aire una corba, com un projectil.

El llagost és un elegant en el vestir. Porta jaqué. Un jaqué generalment de color de terra, amb mostres variades, cenyit i de bon tall, raspallat i planxat cada dia, amb uns faldons movedissos folrats de setí blau cel o rosa, que de vegades es despleguen com si fossin ales i, si cal, l'ajuden a volar. Per als anuncis de modes masculines i per als catàlegs de les sastreries de ciutat, el llagost és un excel·lent figurí. És correcte, prim, tibat i pulcre. Salta amb plaer visible, però amb tota l'exterior serietat exigida per l'etiqueta. El llagost és un *dandy*. Elegant i acròbata, és un bon artista de circ de varietats.

Ell salta per vocació més que per necessitat. És un acròbata de naixença i un deportista incansable, especialitzat en el salt. Hi ha altres bestioles que només salten de tant en tant, com els grills i les granotes. El llagost salta a cada moment. No és un contemplatiu, sinó un actiu. Si el grill i la granota estimen la música nocturna, el llagost estima el salt diürn. El salt fa el llagost com l'estil fa l'home.

Aquesta bestiola neta i àgil té ànima de rodamón. Els llagostos fan camí, nòmades eterns. Sempre van de pas. No es deturen gaires hores en un mateix tros de terra. No tenen pàtria. No poden tenir domicili ni pàtria els qui viuen saltant. La vida dels llagostos és un perpetual viatge. Excursionistes sense itinerari, turistes sense *Baedeker*, no saben on van, ni van enlloc, però caminen sempre, i travessen plans i muntanyes i arenys de riu, sense deixar enrere ni l'enyorança.

Són individualistes. Entre els llagostos de mida petita i mitjana, no en trobareu gaires d'iguals. No porten uniforme. Llurs vestits són fets a mida i amb gran varietat de mostres de roba. Cada un va per ell. Cada un salta pel seu cantó. Però hi ha excepcions en l'individualisme dels llagostos. Algun cop, units en formidable exèrcit, envaeixen termes enters, comarques enteres. Aleshores els llagostos, tan inofensius en temps de pau, esdevenen un flagell assolador, que preocupa els pobles i els Estats, i mobilitza els enginyers agrònoms, els alcaldes, els governadors civils i fins les tropes, i consum les consignacions dels pressupostos públics, i posa a prova les màquines mortíferes per a la defensa agrícola i les fórmules físiques i químiques de combat. És un alçament tràgic. Diríeu que els llagostos, per protestar del poc cas que els homes en fan habitualment, prenen venjança amb una calculada aplicació de la llei de Malthus.

Ben mirat, no té res d'estrany que els llagostos organitzin aquestes invasions guerreres dels camps de conreu. Fixeu-vos en llur viure quotidià, i us convencereu que els llagostos tenen temperament de conspiradors. Sembla que no hi siguin, i hi són. Un hom no se n'adona sinó és en el moment de posar el peu prop d'allí on ells són. En creure's descoberts, salten i fugen, com uns malfactors perseguits.

De vegades els llagostos –sobretot els més grossos–, trobant-se cansats d'un llarg viatge, cerquen una estació de parada. Què ho fa que sovint trien com a lloc de parada els vestits de l'home? Sospitem que els llagostos són uns animalons sarcàstics. Prudenci Bertrana, en una de les millors narracions que formen part de les seves *Proses bàrbares* –*En Busqueta*–, ens presenta al final un llagost sarcàstic que nosaltres no oblidarem mai per anys que visquem, un llagost més suggestiu que molts protagonistes de novel·la. En Busqueta, caçador activíssim, aquell dia no havia cobrat cap peça, ni amb l'ajut del seu gos entusiasta. Tanmateix, tornava de la cacera infructuosa amb un caminar heroic d'optimista invencible. I duia, arrapat al sarró buit, un llagost dels mes grossos.

Els borinots

El vol dels borinots, com el dels aeroplans, s'anuncia pel soroll del motor. I el soroll ha donat nom a aquests insectes: borinots, brumerots... Borinen o brumen mentre solquen l'espai i mentre cerquen, en competència amb les abelles i les vespes, el nèctar de les flors. N'hi ha de rossos i de negres; sota el mateix nom popular, són dues espècies diferents. Borinots, brumerots... El soroll trepidant del borinot ros no para mai, ni quan la bestiola voladora es detura en la flor que desitja. I és que el seu motor, de marca patentada, no es pot parar fàcilment. Para l'aparell –cos en forma de bòlit–; però el motor segueix funcionant, i les ales esteses vibren i brunzen incansables. Quan la vespa i l'abella, lleugeres, es posen en la flor, paren un moment la màquina que mou llurs ales. El borinot negre la para també. El borinot ros, feixuc, necessita que el motor marxi sempre i que les ales obertes el sostinguin, com els plans sostenen l'avió.

Borinots, brumerots... Passen a poca alçada, en un vol rítmic com una dansa, en un vol curvilini i indecís. En passen de negres: mala notícia. En passen de rossos: bona notícia. En un vol de giravolts els borinots s'allunyen, seguint la música que surt de llur cos, i deixen al darrere el polsim invisible d'un averany.

Superstició? Només en part. El borinot negre, sovint tornassolat foscament, és lleig i repugnant i sinistre. Més gros i més rodó que el borinot ros, té les potes deformes i peludes. Si, mentre balla i cantusseja al vostre entorn, aquest borinot negre xoca, inhàbil, contra el vostre cap, el xoc us fa estremir en un moviment de repulsió. El borinot ros, al contrari, se us mostra bell, i, encara que no us digui res, us sembla un amic. Més petit, més prim, més llarg, daurat d'or vermell, us duu a la imaginació idees plaents i tranquil·les.

La lletgesa del borinot negre us fibla dolorosament l'ànima. La gràcia del borinot ros us amoroseix i us aclareix els ulls. Una visió lletja i una visió bella són, per si mateixes, notícia dolenta aquella, i notícia bona aquesta.

Els borinots, amb els espiadimonis, són els més autèntics i legítims precursors de l'aeroplà. Llur sistema de navegació aèria s'acosta molt al dels titulats avions. S'hi acosta més que el sistema de les aus. Així, els mots «avió» i «aviació» no són gaire propis. Els borinots tenen amb els aeroplans, entre altres analogies de figura i mecànica, l'analogia de la trepidació i del soroll.

Quina antiguitat és la dels borinots en el món natural? Nosaltres creiem que no poden ésser anteriors a les canyes, i, més concretament, a la utilització de les canyes seques en els rafals i en els horts. Els borinots instal·len llur niu i llur posada en el buit de les canyes tallades, que formen el teixit dels rafals i les primes columnes de les plantacions de fesolers i de tomaqueres (importants varietats de l'estil gòtic i l'estil barroc, respectivament). Els borinots, músics i dansaires, són fills d'aquestes canyes arquitectòniques.

Els espiadimonis

Molt prim i molt llarg com una agulla, vestit de color verd clar, amb un joc de dues ales superposades a cada banda, el cap arrodonit, el ulls de vidre irisat, ací teniu l'espiadimonis. Mirant-lo us adonareu que ha servit de model per al biplà. Tindria dret a ésser adoptat com a marca de fàbrica dels tallers d'aeroplans i com a escut heràldic dels aviadors. L'espiadimonis –cavall del diable per un altre nom popular, libèl·lula per als poetes– és rectilini i característicament horitzontal. En ple viatge vola rectament i horitzontalment. Sembla que segueixi un riell invisble. Per habitud o per llei mecànica del seu cos –sospitem que és per aquest darrer motiu–, es mou sovint en un sol pla i en una sola direcció. Fàcilment traça ziga-zagues; difícilment traça corbes.

Diríeu que l'espiadimonis sap geometria. Almenys sap que, entre dos punts donats, el camí més curt és la línia recta. Estalvia temps i espai, com si tingués tard o anés per feina. Estarà per ventura encarregat d'un servei de comunicacions? En tot cas, el seu cos tènue no és un aparell de turisme i, menys encara, un aparell de transports. Viatja sense allunyar-se dels llocs on hi ha aigua. D'una gota d'aigua verdosa devia sortir aquest cavallet.

Qui sap si serveix per a portar notícies secretes, confidències i ordres tenebroses! L'espiadimonis inspira recel. En aquest recel hi ha sens dubte l'origen del seu nom diabòlicament misteriós. Té, en veritat, l'aspecte d'un missatger sinistre.

No solament la trajectòria del seu vol és, amb marcada preferència, recta i horitzontal, ans encara és recta i horitzontal la posició del seu cos aturat. Quan el cavallet aeri es posa en una flor, s'hi adhereix amb els seus llavis xucladors, i tot ell roman recte i horitzontal, com un gimnasta que fa la planxa.

Finíssims de cos, finíssims d'ales, els espiadimonis són ingràvids. Tenen molt ben resolt el problema de l'estabilitat en temps de calma. Però no sabem com poden resistir el vent. Si l'instint no els avisa amb prou anticipació, per tal de poder refugiar-se en forat o finestra, cada ventada deu fer una hecatombe en aquesta misteriosa espècie voladora. Una ràfega forta els deu trencar per la meitat, com succeeix de vegades ambs els dirigibles rígids. Enmig del remolí, els menuts cavalls verds, tràgics presoners, deuen giravoltar com la fullaraca.

Correcte de línies, l'espiadimonis és fred d'expressió. No s'acosta tant als homes i a les cases com els borinots. És reservat, silenciós i adust. S'esforça a passar inadvertit, i quan s'allunya, ben aviat es perd de vista, com un bri d'herba tendra que es fon en el verd del camp o en el blau del cel.

Els espiadimonis us criden l'atenció, però no us desperten la simpatia. A despit d'ésser minsos i frèvols, sospiteu que no són inofensius. La vella llegenda popular els ha atribuït un paper demoníac. Probablement és una calúmnia. Sovint l'aspecte d'una persona o d'una bèstia li dóna mala anomenada. De vegades aquest aspecte és revelador; d'altres vegades és enganyador.

Deixeu-nos pensar que aquests animalons lleugers i subtils no estan al servei del príncep infernal, ni es dediquen a espiar els súbdits d'aquest príncep. Permeteu-nos que els guaitem amb curiositat i interès, i que vegem en ells uns geòmetres aciençats i un bons mestres de mecànica.

Les cuques de llum

Les cuques de llum, o llumenetes, o lluernes, són meravellosos fanalets de conte de fades. Una nit, enmig de la foscor d'un dormitori camperol, se'ns presentaren formant una processó tortuosa de flametes mig blaves mig verdes. Les cuques de llum, que han servit de tema a poetes i a fabulistes, se'ns oferiren, amb ingènua insinuació, com a tema d'un article literari.

Una processó de cuques de llum, al trespol d'una masia, és un espectacle fantàstic, i més encara si el veieu en despertar-vos immediatament després d'un somni d'aventures màgiques. Dins la tenebra de la nit els punts lluminosos, irregularment espaiats, es mouen amb lentitud. El lleu moviment que fan us causa la sensació que aquells llumets són coses vives. Si no fos aquest bellugar, us pensaríeu que són gotes de llum, o grans d'un rosari lluminós, o refrecs de fòsfor. Però no; no són cap d'aquestes coses. Són bestioles que, per anar de nit en les zones obscures, han adquirit llums portàtils.

En la fosca la cuca de llum només és un foradet de claror estel·lar. La resplendor de la minúscula llàntia esvaeix la corporeïtat de l'insecte. Dins la nit negra la cuca de llum només és llum, i deixa d'ésser cuca. Per això hi ha més veritat poètica en els noms de *llumeneta* i *lluerna* que en el de *cuca de llum*. Els mots *llumeneta* i *lluerna* us donen la pura idea de la lluminositat, mentre que la denominació *cuca de llum* evoca la imatge corporal de la bestiola, portadora de la petita llanterna natural.

Després d'haver vist la llumeneta a les fosques podeu examinar la cuca a la claror. Parlem ara del mascle. És un animalet interessant per la forma del cos i per la roba que porta. Té un ull negre, gros i rodó; l'ull forma quasi tot el cap. Com que la cuca camina ajupida, l'ull no es veu gaire, si no us hi fixeu bé; i si, mentre la guaiteu, alça el caparró, sembla que us miri, i us mira efectivament. Cas que no li feu goig, la cuca alça les ales, vola i fuig. Però si no es mou, podeu contemplar curiosament les particularitats del seu cos. És un cos estret i allargat. Damunt el cap, les primes antenes es mouen nerviosament, com una doble batuta de director de cor o d'orquestra. Una mantellina clara cobreix el cap i el coll de la cuca. Després vénen les dues ales, abric del llom, de color més bru, d'un color torrat; estan molt ben tallades, i són d'un teixit rígid, ben planxat; plegades, sembla que formin una sola peça i tenen l'aspecte d'una casulla. A l'extrem del cos, extrem flexible, hi ha instal·lada la llanterna que s'encén en la fosca i que ha donat a aquestes cuques minses i humils el nom i la glòria.

Després d'un somni de meravelles, el més meravellós de tot és veure, en la profunda nit tenebrosa, una processó de cuques de llum.

Les orenetes

Les orenetes són, en la gran família dels ocells, la representació més pura de l'aristocràcia. El caràcter cabdal de llur cos —sageta flexible— és l'elegància; una elegància sòbria i clàssica, feta de línies simples, esquemàtiques. El caràcter cabdal de llur esperit és la distinció, la discreta reserva, la noblesa. Doble elegància corporal i espiritual, que fa de les orenetes un model per als homes.

El vol de les orenetes és el més bell de tots els vols. A l'elegància de l'esperit i del cos s'ajunta l'elegància dels moviments. És un vol agilíssim, rapidíssim, ple de gràcia i d'imaginació. L'oreneta, volant, juga. I el seu joc alat és art. Puja i baixa, gira i tomba, dibuixa en l'espai corbes fines i complicats arabescos. El vol de l'oreneta és com una dansa. L'oreneta té el virtuosisme del vol.

Compareu el vol lleuger i fantàstic de l'oreneta, que no sent el pes del cos prim entre les ales llargues, amb el vol lent i feixuc de la majoria dels ocells grossos i amb el vol curt i inhàbil dels ocells més coneguts. Si, després d'haver seguit una estona el vol de les orenetes, guaiteu volar un corb i una puput, una perdiu o un pardal, direu: «Quina poca traça!»

Posant costat per costat una oreneta i un pardal, teniu les imatges de l'ocell noble i de l'ocell plebeu. El pardal, amb el cap gros i la panxeta, amb l'ull cínic i el posat desvergonyit, fa contrast amb l'oreneta de cap menut, ventre llis i ulls púdics, una mica espantats. Al pardal li plau més picotejar que no pas volar; és més amic dels àpats abundosos als cirerers, als rostolls i a les figueres que no pas de l'esport de la volada. Mentre el pardal, petit epicuri, busca el plaer, l'oreneta, idealista, bat les ales amb la passió de l'art pur. L'art per l'art? Oh, no; quina frase més buida i més falsa! No hi ha art per l'art. L'art pur és l'art per la bellesa. I si un art no crea sinó bellesa, gosareu afirmar que la bellesa és poca cosa com a creació de l'art?

L'oreneta és un ocell de correcció exquisida, d'una conducta exemplar i d'una serietat intel·ligent. Ningú no pot imaginar-la com a protagonista d'una d'aquestes facècies que omplen la vida alegre dels pardals, o d'un d'aquests crims que omplen la vida sinistra dels esparvers. L'oreneta, que és elegant i culta, és també moral. Hi ha una ètica per a les orenetes del cel.

Sensibles als rigors del clima, les orenetes han establert el costum de l'estiueig i de la hivernada. Assenyalen el temps, el de l'any i el del dia. Llurs xiscles saluden la nostra primavera; llur vol baix indica la tempesta. I és que l'oreneta posseeix, en alt grau, aquesta virtut subtil: la sensibilitat.

No hi ha humilitat ni orgull en les orenetes. Vestides de negre, d'un negre lluent, deuen sentir ensems horror pels parracs i pels vestits de coloraines que duen certes aus i certs ocells i ocellots. Les orenetes, en oposició als ocells amb crestes, collarets, cues llargues i vestits de colors virolats, donen un gran exemple a les dames. En els vius figurins ornitològics, qui pot preferir la puput o la cacatua a l'oreneta senzilla?

Per què xisclen, tot volant, les orenetes? És d'alegria esbojarrada? És de sorpresa? És d'esglai? En llur xiscle hi ha, ens sembla, una protesta contra les lletjors d'arran de terra i un crit joiós d'incoercible llibertat. I en la protesta i en el crit, l'oreneta –tan elegant i tan discreta i fina– es torna estrident.

Els gripaus

Escopinades del diable: això són els gripaus, segons un alt poeta nostre. El gripau és la viva imatge de la lletgesa repugnant. Aquesta bestiola deforme, tumefacta, llefiscosa, és mirada amb repulsió invencible. El seu cos és monstruosament diabòlic.

Hi ha lletjors atenuades per la gràcia. Hi ha lletjors pintoresques i divertides. Hi ha lletjors doloroses que inspiren commiseració. La lletgesa del gripau no té atenuants: inspira una antipatia violenta que arriba fins a l'odi.

Per això els gripaus fan sovint una fi tràgica. Una gran part d'ells moren sota el roc que els esclafa. Són lapidats amb rebentament. I l'animal esclata com una bufeta.

Tal és el seu trist destí. El gripau ha nascut per a acabar esclafat. En certa manera, ja viu en un estat d'esclafament. Els instins agressius de l'home contra las bèsties que considera malignes es manifesten, implacables, en presència dels gripaus. En la pròpia figura porta el gripau el seu pecat d'origen. És horriblement lleig. És tan lleig i tan repulsiu, que la seva visió provoca espontàniament en l'home i en el vailet l'impuls de l'esclafada venjativa. Un infant que vegi el gripau per primera vegada, encara que no sàpiga que aquella bèstia porta un verí amagat, agafa instintivament un roc i un altre roc, i l'apedrega amb fúria. I és que en el gripau la lletgesa i la repugnància arriben a un tal grau d'estridència, que es fan provocatives i intolerables.

Poca cosa aconsegueixen els zoòlegs i els horticultors que s'esforcen per demostrar que l'animadversió als gripaus és injusta. Diuen que aquesta bestiola és normalment inofensiva, i que només en casos excepcionals d'imprudència pot esdevenir perillosa; adverteixen que els gripaus fan l'excel·lent feina de netejar els horts d'una multitud d'animalons perjudicials a les plantes. En altres latituds, entre una altra gent, el gripau pot ésser respectat com un benefactor, a despit de la seva mortal lletgesa. En els països on domina l'estètica, on el sentiment artístic ha arribat a fondre's en la sang del poble i es transmet per herència de pares a fills, el mèrit dels bons serveis del gripau no pot aconseguir que aquest sigui absolt del gran pecat d'ésser lleig.

Els noms mateixos amb què el poble designa aquesta bestiola prenen un so d'insult i de condemna: gripau, calàpet. En les síl·labes d'aquests mots durs vibra un sentiment d'horror. No hi ha caritat ni pietat per als gripaus. Les prèdiques de qui els vol defensar xoquen amb els ancestrals prejudicis. Bèstia de caus humits, bèstia que fuig de la llum, exterioritza tot el dolor de la seva tragèdia en el toc de flauta dins la foscor.

Quina deu ésser l'explicació metafísica de la lletgesa? Per què hi ha coses tan lletges en el món natural? Com s'explica que hagin sortit d'un mateix principi el bé i el mal, les coses belles i les coses lletges? Quina comunitat por haver-hi entre un ocell esvelt i el pobre gripau pustulós?

La natura també fa caricatures. El gripau és la caricatura de la granota. Una caricatura que fa por. La granota no és cap model estètic; però és fina de línies, setinada de pell, graciosa i faceciosa. El gripau, boterut, feixuc, lent, inflat, aplega totes les tares de la deformitat i de la inharmonia.

El millor que té el gripau és el seu cant nocturn. Quan és fosc, i la bèstia no veu la pròpia lletgesa, treu enfora el sentiment de l'art que duu a dins, i amb unes notes de flautista enamorat i enyorívol vol oblidar ell i vol fer oblidar als altres la seva infernal lletjor.

Els galldindis

Les bèsties i bestioles destinades a la mort pròxima sembla que s'adonin de la imminència de llur fi. Hem vist, en ple passeig, davant d'una tenda de queviures, unes petites gàbies de tela metàl·lica, dins les quals hi havia uns galldindis destinats al sacrifici nadalenc. Els galldindis estaven arrupits, immòbils, tristíssims. El dia núvol i fosc, amb els carrers mullats del plovisqueig, augmentava encara la tristor d'aquella gàbia de mal averany. La raça dels galldindis, que no pot competir estèticament amb la dels nostres galls famosos i cantadors, porta en les plomes negres i en el posat poruc el senyal de la tràgica predestinació culinària. Els galldindis neixen i creixen i viuen per a morir màrtirs i per a ésser rostits amb unes artificials entranyes dolces, fetes de pomes, prunes i pinyons.

L'home d'esperit fi té un sentiment de pietat pels galldindis. La carn suculenta d'aquestes aus exòtiques els ha donat una fama mortal. Els gastrònoms lloen la carn del galldindi. Molts catalans no participen d'aquesta estimació. Son força els qui, davant el galldindi farcit i rostit, veuen la imatge de la bèstia viva, tan mísera i trista, amb la cua corba girada cap a terra, llevat dels moments en què s'alça en forma de ventall. La imatge del galldindi viu destorba a alguns homes subtils la fruïció de la seva carn cuita. Trobareu gent que no menja d'aquesta carn saborosa i atapeïda perquè els fa una mica de repugnància, més per la bèstia que per la carn.

Si hem d'ésser bons llatins i bons mediterranis, hem de proclamar la superioritat nadalenca del nostre capó. Aquesta bèstia mutilada s'engreixa ricament, i les seves sedoses plomes de color d'or li donen un magnífic aspecte. En la carn del capó hi ha un regust de tradició pairal. Els propietaris rurals acostumen a rebre el gros capó nadalenc de mans dels masovers o dels mitgers. La desvaloració fisiològica del capó accentua les seves qualitats mengívoles. I la seva carn tova, que es desfà en llenques esponjades, és, per a molts, preferible a la carn massissa del galldindi.

Tanmateix, a ciutat augmenta, si no estem mal informats, el consum dels galldindis, i baixa el dels capons. El galldindi ha esdevingut la principal menja nadalenca de les nostres famílies benestants. El capó conserva encara el predomini en les famílies menestrals i obreres. Les estadístiques ens diran, probablement, quines són les corbes del consum de galldindis i de capons en els nostres dies. Aquestes xifres, degudament comparades, poden suggerir importants consideracions d'ordre fisiològic, psicològic i social.

Hem escrit aquesta elegia davant l'imminent sacrifici de milers de galldindis. Els pobres galldindis engabiats ens fan llàstima. Estàvem acostumats, temps enrere, a escoltar l'anunci de Nadal que ens portaven els ramats de galldindis amb llur cloc-cloc col·lectiu. Darrere el ramat, fàcilment esvalotable, va el pagès amb el tapaboques al coll i la llarga canya a la mà. Els condemnats a mort són oferts públicament a la venda. Si no hi ha una gran demanadissa, algunes de les bèsties que han estat portades a ciutat per al suplici es reintegren a llurs corrals de pagesia, indultades per l'atzar favorable. Les colles de galldindis que envaeixen com un exèrcit la ciutat tenen baixes terribles, i els supervivents, pocs o molts, se'n tornen dies després al lloc d'origen, amb la barballera mig vermella i mig morada, amb la cua decantada cap per avall, indiferents a la vida i a la mort, negres de dol i de tristesa.

Teatre de la Ciutat

Tria i organització per Joaquim Molas.

CIUTATS I OFICIS

L'home de ciutat

Quan un viatge ràpid us porta, en pocs minuts, de l'interior de la gran ciutat al ple aire d'un bell lloc de muntanya, teniu la sensació d'haver sortit d'una cambra closa. La gran ciutat, en efecte, té més d'habitació humana que d'espai lliure. I els carrers i les places, per llargues i amples que siguin, no són altra cosa sinó passadissos entre les altes cases on la gent es tanca.

La condició que, al nostre entendre, caracteritza espiritualment l'home de ciutat és d'ésser, per dir-ho així, un evadit de la natura. Mentre que al camp, als poblets, a les viles i a les ciutats comarcals, l'home sent per tots els costats la pressió de la natura exterior, a les grans ciutats l'element natural és ofegat per l'element humà; o, dit amb altres paraules, l'home domina la natura.

En aquesta evasió de la natura hi ha un motiu d'orgull humà. La més alta creació de l'home damunt la terra és la gran ciutat. Aquesta és la creació més pròpiament humana. Al camp predomina la natura; i l'home no fa gaire cosa més sinó domesticar-la per la virtut dels conreus i dels camins. A les viles i a les ciutats petites hi ha barrejats, en parts importants i en certa manera equivalents, l'element natural i l'element humà. La gran ciutat és obra de l'home; la part de natura que hi trobem és, més que domesticada, esclava, i l'element natural hi és quasi tot mort i aprofitat com a primera matèria.

Per això l'home més humanitzat, amb més forta proporció d'elements verament humans, és l'home de ciutat. Ell ateny el màxim grau d'independència espiritual. No es troba coaccionat, envaït, penetrat i xopat per la natura. Ell és, en tota la significança de la paraula, l'home civil, el ciutadà.

En la vida de la ciutat adquireixen llur més fort poder els factors intel·lectuals, arbitraris i artificials de la ment humana. La gran ciutat és el món creat per l'home, el producte de la intel·ligència, de la lògica, de la imaginació de l'home. Ha estat concebuda i realitzada per l'home, i és, en gran part, una imatge de la seva vida mental en col·lectivitat.

Oh, quin tema de poesia futurista! Alts poetes nostres i d'altres llengües l'han tractat amb inspiració... Però en trobar-nos lluny de la gran ciutat, voltats d'una bella natura en un dia esplèndid, comprenem que l'evasió de la natura no és l'ideal de l'home, ni respon a les seves necessitats físiques i morals. L'home és fet per a la convivència amb la natura. La gran ciutat, com a lloc d'estada constant, es converteix en una vasta presó, i la seva influència és depriment i envilidora.

El dia que el progrés espiritual i el progrés material, arribant paral·lelament en un punt prou avançat, facin fàcil i pràctica la distribució de les hores del dia, o almenys la dels dies de la setmana, entre l'ambient de la gran ciutat i l'ambient de la contrada, l'home haurà assolit una sana i noble posició d'equilibri entre la pròpia ànima i la natura exterior.

L'engrandiment de la ciutat

Una ciutat construïda científicament per un grup d'enginyers i d'arquitectes urbanistes té sens dubte un magnífic conjunt d'avantatges materials. La comoditat dels ciutadans, la salubritat, la neteja i altres condicions pròpies de les ciutats modernes, en l'urbs fabricada de cap i de nou arriben al màxim possible. És tan fàcil de fer una ciutat nova en quatre dies com difícil és d'adaptar una ciutat vella, la qual constitueix, materialment i espiritualment, una acumulació d'història.

Però, què ho fa, que en aquestes ciutats còmodes, higièniques i ben distribuïdes en zones, l'home cultivat troba a faltar una cosa tan valuosa i indispensable com l'esperit? L'esperit de la ciutat, no poden crear-lo els tècnics. Per damunt de l'urbanisme hi ha el civisme. Una «urbs» ha d'ésser també una «civitas». Tots els tecnicismes antics i moderns no poden donar a una ciutat els caires espirituals.

Recordem que Puig i Cadafalch ha fet notar l'encís singularíssim del Pati dels Tarongers del Palau de la Generalitat. És un pati irregular, amb cantells i racons, sense paral·lelismes ni simetries. I és, això no obstant, una de les coses més intensament belles de Barcelona. El resultat meravellós obtingut en molts segles, a través d'una sèrie d'enderrocs i de reconstruccions, no hauria estat obtingut amb un projecte geomètric del millor arquitecte del món.

Ara mateix hem pogut sentir el clam dels amics de la ciutat en defensa del barri vell que volta la Seu de Barcelona. Ningú que no estigui mancat del sentit de la poesia no pot desconèixer l'enorme superioritat estètica i espiritual dels carrerons torts i estrets d'aquell barri sobre les grans places més o menys monumentals que el nostre company Joan Sacs ha qualificat de «sud-americanes». I consti que nosaltres no reproduïm aquesta qualificació en un sentit pejoratiu, perquè creiem que les al·ludides places de Sud-amèrica són de la manera que són ara perquè, en essència, no podien ésser d'altra manera; que és el cas completament oposat al de les ciutats formades com un successiu producte de les centúries lentes.

L'engrandiment de les ciutats, i en particular l'engrandiment de Barcelona, cal cercar-lo en un doble amor a les vellúries venerables i a les novetats sanes i pràctiques. En la ciutat de pedra de què ha parlat Gabriel Alomar trobarem qüestions que poden desdoblar-se en materialitat i espiritualitat. Tal és, per exemple, la qüestió del barri de la Seu. Però al costat de la preocupació de la ciutat de pedra cal tenir també la preocupació de la ciutat de l'esperit. Hem de fer gran Barcelona, no sols per la grandària, sinó també per la grandesa; i més encara per la grandesa que per la grandària. Les perspectives de la via pública, l'amplada dels carrers, la xarxa de les clavegueres, la ufanor dels arbres, la distribució de l'àrea edificada en zones diverses, són coses que ens han d'interessar a tots els barcelonins, però que no han de distreure cap barceloní dels problemes de civisme, superiors als de la urbanització.

Tots sabem com s'ha realitzat a Barcelona un esforç per fer caminar ensems el progrés material i el progrés cultural. Hi ha hagut l'anhel de fer de la capital de Catalunya un gran fogar de cultura. Tanmateix, la cultura és per als pobles un simple mitjà. I el coronament de les excel·lències humanes, a les ciutats, a les viles i al camp obert i lliure sobre el cel, és el civisme. Quan un poble ha arribat a un grau suficient d'interior excel·lència, la urbanització és cosa material de les ciutats, però el civisme és cosa espiritual de tota la terra.

Ni l'urbanisme ni la cultura freda no podrien consolar-nos de la deficiència del civisme. No són solament els enginyers i els arquitectes i els tècnics els qui engrandeixen les ciutats. També les engrandeixen el poeta que els fa sentir les inquietuds de l'ànima, l'artista que posa en les línies dels carrers i de les cases l'espurna perdurable de la bellesa, l'home d'ideal que dóna a les ambicions i a les lluites l'alt sentit de l'esdevenidor.

L'engrandiment de les ciutats té un aspecte moral del qual no pot prescindir-se. Una gran ciutat no és compatible amb el pul·lular de ciutadans moralment petits. Sense un nivell suficient de civisme no hi ha grandesa ni en les més formidables aglomeracions urbanes. Treballen per l'engrandiment de la ciutat tots aquells qui realitzen una obra fecunda, o que, simplement, donen un noble exemple. I el deure primordial d'aquells qui tenen una significació ciutadana consisteix a donar, a tota hora, el noble exemple ennoblidor de la ciutat.

Els carrers plens

Fins els qui saben estimar i comprendre la solitud troben, per contrast, un encís especial en l'espectacle de la multitud humana aplegada en un lloc o passant en ritme de riu lent pels carrers de la ciutat. Quan al vespre, després de l'encesa de llums, els carrers de la ciutat semblen passadissos d'un ample casal, la gentada que hi acut els dóna, no ja l'animació visual, ans encara una vida bategant d'ésser col·lectiu. Els carrers gairebé deserts a altes hores de la nit, sonors de les passes dels escasos vianants, són, a les primeres hores del vespre, els canals per on s'escola, formidable, una riuada humana. Els carrers plens, amb la gent que camina amb lentitud i s'atura a estones davant els aparadors inundats de claror, ens ofereixen l'espectacle urbà per excel·lència i ens donen la visió més exacta del conjunt de la ciutat. La gent, quan és a casa seva o en botigues, fàbriques i despatxos, viu en un cert isolament. Aleshores la ciutat està descomposta en les seves parts innúmeres. Però quan la claror del dia s'ha apagat i les flames de la llum artificial s'encenen en els carrers, aquests veuen la barreja de les classes socials, dels oficis i de les professions. La ciutat, en el sentit més propi del mot, no és la de les cases, ans bé la dels carrers en ple moviment de la gentada.

I l'espectacle de la multitud del carrer és un espectacle que us alça el cor. Entre la gentada hi ha els satisfets i els malcontents, els qui senten l'esclat de l'alegria i els qui gemeguen interiorment sota la fiblada del dolor. Però en la riuada de la gent que passa sota la llum brillant i espessa, tot és resolt, per l'espectador, en el sentit de l'optimisme. Els carrers plens i els aparadors rics causen la sensació de la força de la ciutat. Allí veiem el dinamisme ciutadà, els moviments d'aquest ésser col·lectiu formidable que és el protagonista de la civilització contemporània. Si guaitem els carrers per on la multitud ciutadana circula, ens semblarà veure el gran riu de la humanitat que passa per davant dels nostres ulls.

I ens adonem de la gran puixança i de la gran significança de la ciutat. Mentre que en els altres agrupaments humans la gent es mostra habitualment dispersa i quieta, a la ciutat es mostra cada dia compacta i en moviment. La vitalitat que surt de la multitud ciutadana és la que en els nostres temps empeny els pobles, la que concentra i irradia la cultura, la que assenyala els camins del progrés.

En aquesta grandesa ciutadana, de la qual la multitud ens ofereix una visió corpòria, hi ha, en mescla monstruosa, el bé i el mal, l'opulència i la misèria, les rialles i els plors. Cent corrents contradictoris travessen la multitud que omple les vies ciutadanes. Però hi podem percebre un gran batec format de tots els batecs individuals, d'ambicions i desenganys, de neguits i d'esperances. Els carrers plens de gent són la ciutat en actuació quotidiana. Totes les diferències de posició i de professió, de pensament i de sentiment, es fonen per a formar la unitat del poble en aquell espai per on passa, acanalat, el riu de la gent indistinta.

La multitud dins l'estadi

No: això no serà una ressenya de l'últim partit de futbol, més cèlebre abans del partit que després del partit. El que volem és reflectir la impressió que va produir-nos el públic. Mentre guaitàvem la gentada enorme que havia acudit diumenge passat a presenciar el partit Barcelona-Deportivo Alavés, meditàvem sobre la psicologia de la multitud. Heu-vos ací una dèria que aplega trenta mil persones. Damunt les grades del gran camp de futbol, el públic s'estenia seguint fidelment les línies traçades pels constructors de l'estadi. En aquests llocs s'esvaeix la figura dels individus i apareix la multitud amb una fesomia impressionant, inoblidable. Mirant des de la pista, sembla que les fileres de gent estiguin perillosament suspeses en l'aire, enganxades en el dosser del cel, i penseu que una mica de tremolor de la terra podria fer caure com un castell de cartes aquell apilament de cossos humans. Guaitant els tallants verticals que hi ha entre les grades, diríeu que un ganivet gegantí ha seccionat de dalt a baix la massa grisa de la gentada. Davant l'espectacle comprovàvem el fenomen de la coincidència de la passió futbolística en espectadors de les més diverses categories... Milers i milers de persones van de dret a omplir els seients buits, i els homes arrenglerats guarneixen la construcció amplíssima. La multitud humana pren les formes geomètriques de l'estadi. Si Gaudí hagués estat constructor d'estadis, els hauria aplicat la seva arquitectura violenta i turmentada, i la multitud hauria reproduït amb els propis cossos les formes quimèriques que passaven per la imaginació del genial arquitecte.

La multitud és una bona matèria plàstica. Revesteix amb vides humanes les estructures arquitectòniques dels locals d'espectacle, omple les fileres i les grades, segueix les ratlles rectes i les corbes, els arcs de cercle i els costats dels polígons. Damunt el motlle de les construccions, la tova carn dels homes revesteix amb la seva massa compacta i palpitant les formes nues de la geometria. En el camp del Barcelona, la multitud pren la forma dels quatre grans plans inclinats de les graderies. Ni les cridòries de protesta, ni els esclats d'alegria, no trenquen mai la prevista regularitat de les línies de l'estadi.

Al primer cop d'ull les multituds semblen indisciplinades i caòtiques, i de vegades ho són. Però aviat us adoneu que amb els ressorts de la passió i de la curiositat es mouen a l'una. Aquestes gentades formidables són canalitzades per les mans dels qui coneixen llur psicologia. Un acord dels directius del futbol o la confecció d'un bon programa fan acudir la multitud a l'estadi i la fan vibrar dues hores seguides amb la puixança de l'emoció. Tal com l'arquitecte distribueix per endavant la multitud en triangles, quadrilàters, platees en forma de ferradura, hemicicles i places circulars, els qui en els esports mouen el gran públic el fan córrer a carrera feta cap als estadis ciutadans.

Els directius i els jugadors del futbol, si tenen traça i voluntat, condueixen, acontenten i enlluernen fàcilment la gentada. Una barreja d'atzar i de càlcul crea partits sensacionals, moments d'angúnia suprema, resultats previstos i desconcertants, esclats de passió i cops dramàtics. La multitud és com una grossa maquinària que sovint es posa en moviment sota la lleu pressió d'un cap de dit.

Elogi del carrer de la Boqueria

Volem cantar els vells carrers de la ciutat. Volem cantar avui aquest vell carrer de Barcelona, que pot ésser presentat com a símbol de les glòries de la població i de les virtuts de la raça. Carrer vell, però modern alhora. Secular, i ple de vida actual. Carrer estret, carrer discret, carrer íntim. Irregular, però no massa. Ni molt recte, ni molt tort. Ni molt llarg, ni molt curt. Ni luxós, ni sòrdid. Carrer menestral, feiner, catalaníssim i barceloníssim.

Salut, carrer de la Boqueria! Salut per tu i per les teves botigues, i pels teus botiguers, i pels teus clients, i pels teus veïns, i pels teus vianants!

Tu aboques damunt la Barcelona democràtica i autèntica el doll de camises i corbates i colls i punys que surt del teu corn de l'abundància! Com el teu germà, el carrer de la Portaferrissa, ets empori de teles i draps, peces de vestir i material de confecció. I entremig de les teves botigues de roba confeccionada i per confeccionar, apareix la nota una mica feixuga d'alguna que altra ferreteria, i la nota alegre dels basars modestos on abunden les joguines d'infants i on els preus són comptats generalment per cèntims.

La teva tradició, carrer de la Boqueria, et lliga a la Barcelona medieval, la dels consellers i el Consell de Cent, la de les lleis marítimes i els cònsols mercantils, la del Palau de la Generalitat i la Llotja de Mar.

Si comparem el carrer de la Boqueria prolongat pel carrer del Call fins a la plaça de Sant Jaume, i el carrer de la Portaferrissa prolongat pel carrer dels Boters fins a la plaça Nova, amb els carrers de Ferran i Pelai, veurem tota la diferència psicològica –puix que les vies públiques tenen també llur psicologia– que hi ha entre aquells carrers de l'Edat mitjana, amb sonors noms típics, i aquests carrers vuitcentistes, més rics, més amples i més freds.

Per això cantem avui la glòria democràtica i la tradició catalanesca del carrer de la Boqueria, que té noblesa sense títols, noblesa d'ànima.

D'altres cantin els passeigs magnífics, les dilatades avingudes, les cases monumentals, els establiments règiament decorats i els aparadors esplèndids. Nosaltres dediquem el nostre cant cordial al carrer de la Boqueria, humil i atrafegat, irregular i estret, per on aleteja l'esperit de la ciutat nostra.

Les cases velles

Sovint trobem en els homes un sentiment d'afecte a les cases que han habitat durant molts anys. Aquells sostres, parets, trespols, escales, portes i finestres que han estat companys nostres per un llarg temps, han esdevingut amics. Ells han estat muts testimonis de les nostres alegries i de les nostres tristeses. Ells han servit de punt de parada al nostre esguard quan els pensaments, joiosos o melangiosos, l'han fet vagar d'una banda a l'altra o li han donat la fixesa de l'obsessió.

Per això comprenem la resistència instintiva a mudar de casa que en certs casos observem. Una superstició popular –que porta dins un fons de veritat innegable– veu en el canvi de casa, sobretot per a les persones d'edat avançada, un perill de pròxima mort.

L'afecte de l'ésser humà a les coses velles, plenes de records de la vida i d'imatges familiars, deu ésser correspost. Volem dir que aquestes cases, sentint-se estimades per llurs estadants, també deuen estimar-los a ells. Els casals, tant els modestos com els luxosos, tenen, o poden tenir, un esperit propi, sensible, encara que siguin externament inexpressius. Les cabanes, els castells, els pisos de lloguer i els palaus senyorials són susceptibles de contenir una ànima dintre els freds murs.

Les cases velles, acostumades a conèixer un senyor o un llogater, li posen efecte. Escolten la seva veu, criden la seva mirada, segueixen les vicissituds de la seva vida. Així s'estableix una solidaritat espiritual entre la casa vella i els qui l'habiten.

De la mateixa manera que l'home se sent sovint estrany dins una casa nova, la casa vella que ha canviat de llogater o de senyor se sent estranya davant els nous ocupants. No els coneix, no sap qui són. Li semblen intrusos. Sent inquietud en escoltar-los enraonar i en veure'ls caminar per les cambres. I sent, sobretot, l'enyorança dels estadants anteriors.

Hi ha cases velles que acaben per adaptar-se al canvi d'estadants, com hi ha homes que s'adapten al canvi de la casa. Però hi ha cases que són fidels. Han posat un amor, i el conserven fins quan han caigut en ruïnes. Si els casals fidels poguessin parlar, alguns ens dirien, sens dubte, profundes i belles coses.

Les ciutats catalanes

Deixant de banda el sentit oficial que avui té el mot ciutat, sentit que és un convencionalisme, podríem definir la ciutat dels nostres temps dient que és el nucli de població on existeix un fogar de cultura. Aquest senyal de l'esperit val molt més que els títols, els pergamins i els escuts.

Essent la ciutat, la vera ciutat, un fogar de cultura, major o menor, haurem de reconèixer que hi ha ciutats oficials que són ciutats verament, i d'altres que només ho són de nom; i haurem de reconèixer que algunes poblacions anomedades viles són ciutats de fet. La Catalunya-ciutat de què tant s'ha parlat no és ni ha d'ésser altra cosa que el conjunt orgànic de les veres ciutats catalanes. Aquest conjunt ve a ésser el mapa espiritual de Catalunya.

Entre les ciutats de nom que també ho són de fet ocupen un lloc principal Girona, medieval i íntima, i Lleida, la ciutat del Segre, capital de la Catalunya interior. Dues ciutats molt diferents i allunyades, però totes dues riques de l'aigua que baixa dels Pirineus i anguniejades per un mateix deler de cultura nostrada i universal.

Aquests dos fogars, el gironí i el lleidatà, s'han assenyalat especialment per la creació de dues entitats mantenidores i propulsores de la cultura, i per la tendència a posseir revistes i publicacions que aportin una contribució permanent al treball de la intel·ligència. El nom d'ateneu, sovint desllluït i desacreditat, ha pres el seu bon sentit a Girona i a Lleida i en altres llocs. Aquests ateneus realitzen una feina persistent que en nuclis de població relativament reduïts té un gran mèrit i és digna de lloances i encoratjament. Allò que en aquest aspecte s'ha pogut fer fins ara no és, certament, el desideràtum. Però les realitzacions, les obres positives, àdhuc quan són parcials i modestes, resulten preferibles cent vegades als projectes totals, ambiciosos i pretensiosos, que mai no arriben a tenir realització.

També hi ha manifestacions espirituals ben lloables a Reus i a Tarragona, a Sabadell i a Terrassa, a Manresa i a Vic, a Igualada i a Granollers, a Badalona i a Mataró i a Vilafranca... És just que n'anem parlant.

Cada vegada que nosaltres parlem de les nostres comarques i de les nostres ciutats comarcals, de llurs entitats i de llurs periòdics, ho fem sincerament, i el mateix en la part bona que en la part que no ho és tant. No volem afalagar ni volem vexar. Per l'obra positiva que fan, pels bons exemples que donen, lloem avui amb paraules cordials els amics de les veres ciutats catalanes, ciutadans de la pròpia ciutat i ciutadans de la ciutat més ampla.

Girona, l'íntima

Seria interessant catalogar espiritualment les ciutats i viles de Catalunya, posant de cadascuna l'adjectiu més adequat a la respectiva natura. En aquest catàleg hi hauria les variants dels diversos temperaments. Els homes veuen la realitat del món a través dels ulls propis, i la imatge de la visió és una mescla d'elements objectius i subjectius. Però aquells que tenen als ulls una claror que penetra l'essència de les coses, poden arribar a una coincidència en l'adjectivació característica de les nostres poblacions.

En aquest catàleg espiritual nosaltres adjudicaríem a Girona el nom d'«íntima». Girona, l'íntima, diem avui, i el so de les tres paraules s'avé amb l'evocació de la ducal ciutat catalana. La intimitat és el seu senyal més vistent i més singular. Hi ha intimitat en els carrers estrets, on sovint uneixen els dos rengles de les cases els arcs que fan pont. Hi ha intimitat en les voltes, en aquelles inoblidables voltes gironines, sota les porxades de les quals l'aire lliure del carrer es recull, es fa més quiet, i la llum és més tènue. Hi ha intimitat en els interiors de les cases, de planta antiga i folgada, amb portalades que sembla que donin la benvinguda als hostes. Hi ha intimitat en les arbredes que volten la població, i que amb l'ombra humida protegeixen el vianant. Hi ha intimitat en l'alta Seu, on tots els estils arquitectònics en barreja arriben a una compenetració harmònica, disciplinats per les línies que són el secret de l'ànima de la població. Hi ha intimitat en el tracte dels gironins, una intimitat sòbria i sincera, que us guanya el cor i us fa la impressió de les amistats sòlides i duradores.

Aquesta intimitat gironina es reflecteix en la manera com els gironins senten el catalanisme. Podríem dir que el senten, més encara que en extensió, en profunditat. No són gaire amics de l'externitat espectacular, ni de l'expressió superficial dels sentiments. Però llur catalanitat és densa i pregona. Més que una opinió política, més que una flamarada que el vent alça, és un caliu ardent i activíssim. Hi ha comarques i ciutats on surt a flor de terra tot l'entusiasme. Al Gironès i a Girona, l'entusiasme que apareix a la superfície és només un reflex de l'entusiasme intern, íntim, que assaona els esperits.

Íntima com és, Girona pot semblar reservada i tancada al passavolant poc atent. Té, al primer cop d'ull, una tristesa i una duresa medievals. Però el to medieval de Girona ofereix, a aquells qui el saben comprendre, un meravellós encís. Les coses i els homes medievals es transfiguren així mateix bellament davant els ulls dels qui saben endevinar llurs secrets. Quan el cor se us estreny en els carrers i els carrerons torts de Girona, una mirada de conjunt damunt la ciutat i els seus quatre rius, amb llurs arbredes, us torna la serenitat i la confiança i us fa adonar de la unitat essencial entre la ciutat i el paisatge que la volta.

Girona, una mica tràgica per fora, més suau per dins, té per característica la intimitat en el catàleg de les poblacions catalanesques. Les qualitats fonamentals de la raça es manifesten en els carrers de Girona i en l'esperit dels gironins. Mentre que la majestat serena de Tarragona i les línies clàssiques del seu paisatge i de la seva mar recorden al català els episodis d'expansió de la història nacional, la intimitat de Girona li recorda els episodis interns i porta l'ànima a la coneixença de les pròpies qualitats i al conreu del ric jardí íntim de la nació.

Les ciutats del Camp

En el nostre itinerari espiritual de les ciutats catalanes, ajuntarem en una sola jornada les tres ciutats del Camp: Valls, Reus i Tarragona. Tres ciutats pròximes, veïnes, des de cada una de les quals hom veu, en els dies clars, les altres dues. La plana del Camp, estesa de les muntanyes a la mar, mostra entre els avellaners, els ametllers i els garrofers les tres grans clapes dels poblats ciutadans: Tarragona, asseguda vora la mar en cadira alta; Valls, asseguda al peu de les muntanyes en cadira baixa; Reus, asseguda a terra entre la verdor.

La unitat geogràfica del Camp –una mica escantellada pel costat del petit riu Gaià, límit històric convencional– no ha impedit que a través dels segles adquirissin una fesomia diversa i distinta cadascuna de les tres ciutats. Hi ha entre elles diferències d'aspecte i diferències d'esperit. L'antiguitat prehistòrica i romana atorga a Tarragona la seva majestat, que ja li venia, però, de la seva situació topogràfica. Tarragona porta coturn patrici. Reus porta botines menestrals. Valls porta espardenyes camperoles. I a fe que, en aquesta distinció simbòlica, no hi posem res de despectiu per a la ciutat de Valls. El més lleu sentit estètic de la indumentària fa preferir les espardenyes de vetes portades graciosament, a les sabates i als coturns quan no són prou ben portats.

De totes tres ciutats, Valls és, sens dubte, la que conserva millor l'aspecte i el perfum pairals. A Tarragona ha desaparegut gairebé del tot la ciutat medieval, que té, tanmateix, la seva representació en la catedral imponent. Quan, l'any 1813, les tropes fraceses evacuaren Tarragona, destruïren, amb l'explosió de la pólvora, la major part dels edificis de l'Edat mitjana. Així, en la seva part material, Tarragona és avui una juxtaposició de l'Edad antiga i de l'Edat moderna. Reus, població nascuda durant la repoblació del Camp de Tarragona en el segle XII –si és que no corresponia, com és molt probable, a una vil·la romana– és un compost dels temps medievals i moderns. Valls és més tradicional, més medieval, més típicament catalana. Per les cases i pels pobladors, Valls ofereix un menor grau de mescla. L'Alt Camp de Tarragona, tot tenint belles vistes sobre el mar, presenta ja el caràcter d'una terra interior.

Pel temperament, Tarragona és la calma; Reus, el neguit; Valls, l'equilibri. Els tarragonins han sofert la influència de l'ambient provincial. Els reusencs han sentit l'atracció de la universalitat sentimental i ideològica. Valls s'ha mantingut fidel a la llei de la terra i de la raça. Seria curiós de saber fins a quin punt aquestes característiques de les tres ciutats responen al procés de la respectiva formació històrica. Els qui parlen del caràcter ètnic romà del Camp de Tarragona obliden massa el llarg període de despoblació que hi va haver des de la invasió sarraïna a la restauració portada a cap pel barceloní sant Oleguer i pel normand Robert Bordet. Cap on devien anar aleshores els antics habitants d'origen romà o itàlic? No és efecte de la suggestió el fet que hom creu veure encara avui en les fesomies dels homes del Camp el segell de Roma? La suggestió potser accentua aquest fet, però és molt possible que tingui un fonament real. On ens sembla veure millor els rostres romans és a Reus els dies de mercat, entre els pagesos de la rodalia. Hom pot sospitar que, en produir-se la devastació del Camp, que es convertí en boscúria abandonada, els habitants dels poblets i els conreadors de la terra es refugiaren al peu de les muntanyes i dalt del Priorat, en convivència amb els àrabs que per més de tres segles hi dominaren.

Tres ciutats, tres matisos. Tanmateix, la terra fecunda i el paisatge lluminós donen una unitat a la gent del Camp per damunt de llurs diferències. La gent del Camp ha romàs abaltida molt de temps. Reus, la ciutat inquieta, es desvetllà més d'hora. Tarragona, al cap d'unes quantes dècades, l'ha seguida, desvetllada per la veu de la mar. I Valls, que mai no ha caigut en el son profund, ha manifestat els senyals de la seva vivacitat terral a despit d'un període econòmicament desfavorable.

De tornada de la nostra excursió ideal ens girem per guaitar els alts campanars de Reus i de Valls i la silueta de la Seu tarragonina. I sentim amb tot el cor el desig que les velles i menudes rivalitats creades per l'antiga qüestió de les aigües i la nova qüestió del futbol s'esborrin i s'esvaeixin en el sentiment de l'amor comarcal i en la imperativa solidaritat de la raça.

Tarragona, la blava

La visió de Tarragona en l'ample espai ens inunda l'esguard de blavors. Sitges ha estat anomenada «la blanca», per la clapa de blancor de les cases de la vila. Tarragona pot ésser anomenada «la blava», per la decoració que la natura ha posat als seus costats i damunt d'ella.

Alta damunt el massís de pedra del turó, Tarragona està com banyada de blavors. Blavor del cel, blavor de la mar, blavor de les muntanyes. I cada blavor té el seu matís. Clara i lluminosa la blavor del cel. Viva i profunda la blavor de la mar. Suau i boirosa la blavor de les muntanyes que per ponent tanquen el Camp.

L'alçada damunt la mar, vora de la mar mateixa, li dóna una situació privilegiada. De terra estant, en ben pocs llocs es veu tanta estesa de mar com a Tarragona. L'aire pur aixeca i eixampla l'immens sostre blau. I la boirina que entela, a la tarda, l'aire del Camp, fa blavejar dolçament el verd fosc de la cadena de les muntanyes ponentines.

El tarragoní que viu habitualment fora de Tarragona frueix millor la delícia de la ciutat i del paisatge, quan, en ocasió d'una estada a la ciutat nadiua, té la sort d'ensopegar un dia serè, amb atmosfera diàfana, sol encès i mar blana.

Ja ha estat dit que Tarragona és la ciutat del sol. Aquells vents furiosos que l'assoten i que aixequen damunt seu els núvols de la polseguera, li donen en compensació la claredat de l'aire i la puresa del cel.

Dins les boires barcelonines, on el vapor d'aigua es barreja amb el fum de les xemeneies innúmeres, el tarragoní enyora les netes blavors de la seva ciutat.

En un d'aquests dies clars i assolellats, que podríem anomenar «dies tarragonins», guaiteu la ciutat des del moll a l'hora en què el sol cau. I veureu la ciutat daurada enmig de les tres blavors. Nosaltres, en aquests moments, ens imaginem Tarragona com una joia d'or dins un estoig de setí blau.

Anys enrere es suscità una discussió erudita respecte a l'escut de la ciutat. Per damunt de la històrica i de l'heràldica, qualsevulla que sien les conclusions a què aquestes portin, nosaltres creiem que l'escut de Tarragona ha d'estar fet de dos colors: blau i or vell.

Un gran literat finlandès, Juhani Aho, va escriure unes bellíssimes planes sobre la bandera de la seva pàtria, aleshores que el tsarisme rus perseguí com a facciosa l'enseya finlandesa. Aquesta és blava i blanca. I Juhani Aho deia que ningú no podria arrabassar a Finlàndia la bandera nacional. Un núvol solcant el cel hissava en l'aire la bandera amada i perseguida. La unió, en l'horitzó lluminós, de la neu i el firmament, estenia així mateix la bandera. Una vela blanca movent-se damunt la mar desplegava en l'aigua la bandera finlandesa.

A Tarragona tampoc no li pot prendre ningú la bandera ciutadana que li han donat la natura i els segles. Sol i cel i mar i muntanyes li ofereixen els colors indelebles de la seva enseya noble.

Davant els ulls del tarragoní, un raig de sol i un esqueix de cel estenen la bandera de Tarragona, que el vent fort fa bategar bravament.

Ciutat de Valls

A l'Alt Camp de Tarragona, prop de la ratlla de muntanyes on comença la Conca de Barberà, la ciutat de Valls ostenta el seu cloquer, prim, esvelt i àgil. És el campanar més espiritual de tota la rodalia. No és tan monumental com el de la Seu de Tarragona, ni tan elevat com el de Reus. Però té una gràcia, una finor, una claredat que ens el fan estimar amb preferència.

Gràcia, finor, claredat; aquestes tres qualitats espirituals del campanar ho són també de la ciutat. Valls és una ciutat graciosa, fina i clara, i en els vallencs reflecteix el caràcter col·lectiu.

Nosaltres hem definit les tres ciutats del Camp dient que Tarragona és la serenitat; Reus, la inquietud, i Valls, l'equilibri. Per sota d'aquestes característiques diferencials hi ha aquell íntim arborament que és la llei de la comarca. Nosaltres, tarragonins, que tenim l'ànima partida entre la terra i la mar, sabem comprendre la gent de Valls i de Reus, i en alguns aspectes ens hi avenim més que amb els nostres propis conciutadans. Ens plauen, sobretot, la passió reusenca i el seny vallenc.

Els reusencs tenen aquell vent, el mestral del Camp, ficat dins l'ànima, oberta de bat a bat; de tots els fills de la comarca, són els més arrauxats i impetuosos. Els tarragonins, al contrari, són insensibles al vent fort, i el mestral i el llevant llisquen sobre la pell de llur cara, mentre ells es mantenen espiritualment immòbils i impenetrables com les grans pedres de les muralles primitives. Els vallencs deixen entrar el vent dins llur ànima, però només per una escletxa.

No hem fet gaires estades a Valls, i les que hi hem fet han estat curtes. Però només de travessar-la en automòbil ja sentim l'emoció de l'enamorament. Ens enamora encara més el paisatge circumdant que fuig de la monotonia del camp massa llis i ofereix un contrast entre les esteses de terra plana i els barrancs que la clivellen i la trenquen. El paisatge del Camp que més ens agrada és el paisatge de l'Alt Camp, presidit per la silueta del prim campanar vallenc.

Ara ens l'imaginem, aquell paisatge claríssim, d'una claror que no enlluerna com la de Tarragona i que per això mateix ens permet de veure més objectivament el bell espectacle... Ens l'imaginem amb les muntanyes a prop i la mar més lluny, el cel alt i net, l'aire diàfan i lluminós, els ametllers florits rient davant la fredorada.

La ciutat de Valls, més alta que Reus, més baixa que Tarragona, més camperola que les seves dues germanes, passa per un temps de minva econòmica i demogràfica. Però estem segurs que en sortirà aviat i que no trigarà gaire a reprendre el ritme de l'avenç. És curiós de constatar que vint-i-cinc anys enrere Reus progressava, Valls es mantenia estacionada, i Tarragona anava cap enrere. Després, Tarragona ha progressat, Reus ha tingut una aturada, i Valls ha retrocedit poc o molt.

I, tanmateix, en aquesta ciutat que ha perdut uns quants milers de veïns, no hi trobareu gent pessimista, desconhortada o escèptica. A Valls hem vist aquests anys el noble exemple de la Cooperativa Elèctrica. L'equilibri dels vallencs els salva de les embranzides perilloses i del trist descoratjament. Ells saben que després d'un temps en vénen uns altres, i que els pobles que conserven la força de la voluntat, l'amor al treball i l'alegria d'una bella terra poden esperar les justes compensacions de l'esdevenidor.

Comtal ciutat de Balaguer

A l'antologia de les poblacions catalanes exemplars, cal posar en un dels llocs preferents la ciutat de Balaguer, antiga capital del comtat d'Urgell, alt baluard vora del riu Segre i damunt l'ampla plana lluminosa. En el mapa espiritual de Catalunya, el punt corresponent a Balaguer podem marcar-lo amb una flama. Pura flama d'entusiasme per l'ideal català.

El patriota que es troba a Balaguer sent tot seguit la doble alegria de la visió magnífica de la població i de la cordialitat catalanesca dels balaguerins. Les paraules del poeta vénen espontàniament a la memòria, aplicades a la comtal ciutat de Balaguer i als seus habitants: bella terra, bella gent.

Bella terra! Des de l'alçada de la muntanya on queden encara les ruïnes glorioses del passat, es veu la planúria que el riu solca, posant a cada riba una zona d'esplèndida vegetació. La serra del Montsec, al lluny, limita la mirada, i la lenta aigua fluvial és espill de les alberedes i del cel clar. Poques visions tan esplèndides s'ofereixen com la que s'albira des de l'antic poblat d'Almatà, veí encinglat de Balaguer. Guaitant el riu, veient el pont, contemplant l'escampall dels conreus, reviuen en la imaginació els episodis històrics als quals ha servit d'escenari aquella contrada.

Des de Barcelona i des de les comarques litorals de Catalunya acostumem a formar-nos una imatge excessivament desolada de les terres catalanes de la banda de Lleida. Ens decantem sovint a pensar que la pobresa de la terra va allí acompanyada de la feblesa de l'ideal. Però n'hi ha prou amb posar els peus en aquelles comarques i amb estrènyer la mà d'aquella brava gent per a modificar les idees equivocades. Enmig de la desolació a què les condicions climatològiques i la deixadesa de l'Estat central han condemnat una gran part de les comarques occidentals de la nostra pàtria, hi ha vastes zones de riquesa material i de riquesa espiritual. Balaguer i la seva rodalia formen una d'aquestes zones. L'aigua del riu fecunda la terra, i alegra el paisatge, i vesteix els camps.

Bella gent! Des de les primeres paraules que canvieu amb un patriota balaguerí us sembla que el coneixeu des de fa anys. A Balaguer un conegut recent és tot seguit un amic. La comunitat de la idea catalana fa néixer espontàniament una ràpida companyonia. I el patriotisme d'aquells catalans és desinteressat, és pur, no hi ha cap barreja de segones intencions electorals, ni d'ambicions de profit, ni de renyines locals. La catalanitat de la població, amb les seves formoses porxades, amb la seva espaiosa i claríssima plaça del Mercadal, que té al fons, sobrepujant la Casa de la Ciutat, les ruïnes de les muralles medievals, ritma perfectament amb la catalanitat dels habitants, que es manifesta en l'abundància dels rètols en llengua catalana i en la facilitat amb què exterioritzen sincerament el fèrvid entusiasme catalanesc.

Pot creure's que per un miracle de la història, els fets transcendentals que s'han descabdellat a Balaguer exerceixen, a través de les centúries, una influència eficacíssima sobre l'ànima dels balaguerins. Reboten encara per les muralles caigudes els projectils de l'invasor castellà. I la comtal ciutat de Balaguer reedifica avui moralment les seves muralles i es converteix en una plaça forta de la gran guerra espiritual que a Catalunya ha recomençat.

Psicologia dels vianants

Una de les primeres coses que us xoquen quan des d'una ciutat gran us heu traslladat a una petita ciutat provincial, és la lentitud del caminar de la gent. Ens sembla que es podria fer un estudi científic a base de la velocitat del pas dels vianants en les ciutats i viles del món. Com a contribució a un estudi d'aquesta classe, donarem avui algunes de les nostres observacions i reflexions personals.

El pas dels vianants és un element importantíssim per a esbrinar i per a comprendre la psicologia col·lectiva d'una ciutat. Aquell caminar lent –pas de passeig, pas de conversa peripatètica– del vianant de les poblacions petites, està en relació íntima amb el passat, el present i l'esdevenidor d'aquestes. El ritme de les passes és el mateix ritme de la vida. En els llocs habitualment reposats i quiets, la gent hi viu a poc a poc, sense presses ni neguits; i així les seves passes són lentes, com les hores del dia, com els dies del l'any i com els anys del segle.

En les poblacions d'àrea reduïda, tot és a prop, i mai no es fa tard per lentament que es camini. Els habitants d'aquestes poblacions no perden mai el tren, ni arriben a misses dites. De llur caminar es pot dir ben bé allò que Josep Pla diu d'alguns dels seus personatges de conte o narració i que fan anar les cames, ara l'una, ara l'altra... Si us hi fixeu, no les fan anar mai totes dues alhora.

En les ciutats i viles lentes, els rellotges –tant els de sol com els mecànics– triguen més a avançar. I és que tot es mou segons un ritme espaiat. En aquests casos hom pot comprovar la veritat de les teories relativistes aplicades a la noció de temps. La mesura del temps varia. I una mateixa mesura cronomètrica governa, en cada localitat, les passes dels homes i el moviment dels rellotges de torre i de campanar, de paret, de butxaca i de polsera. Els rellotges, com a invenció humana que són, no dicten la llei del temps als homes, ans bé segueixen la que els homes els han dictat.

Malfieu-vos, ciutadans i vilatans de pas lent, dels veïns vostres que no obeeixen la llei col·lectiva en la mesura del pas. Aquell qui, a casa vostra, camina de pressa, senyal que és un revolucionari perillós. És molt més perillós que els revolucionaris socials o polítics, puix que aquests se subjecten generalment, com els altres veïns, al pas propi de la població. Un federal camina, pel carrer i pel passeig, tan a poc a poc com un jaumí. L'un i l'altre accepten el ritme local del temps, que és la llei de la vida comuna. El veritable revolucionari, el capgirador que amenaça els fonaments de la societat, és l'home que camina de pressa allí on la generalitat camina lentament.

Aquest és l'inadaptat, el que trenca la tradició del poble, el que es fa notar com una excepció escandalosa per damunt del ritme admès. L'experiència ens ha ensenyat que els homes que de joves caminen de pressa pels carrers de les ciutats i viles on impera pas cançoner, tard o d'hora canvien de residència. I és que senten, d'una banda, un instint d'evasió i, d'una altra banda, es troben voltats d'una hostilitat sorda, però persistent. Fins succeeix, de vegades, que els burletes de les poblacions lentes treuen renoms al·lusius al conveí que camina lentament.

Els vianants ofereixen al bon observador excel·lents dades per a la psicologia col·lectiva. I no solament en el caminar, ans encara en la fesomia, en el vestit, en la direcció de la mirada i en el bracejar. Després d'haver observat atentament, una hora seguida, els vianants, ja tenim mig fet l'estudi psicològic de la població.

Fonts de vila

De les vostres estades i de les vostres visites a les viles i als poblets, bé prou que conservareu el record de les fonts clares. L'encís de l'aigua que raja, sempre nova, de les velles fonts, us compensa sovint de la grisor de la vila. Tota l'alegria del viure se us fa visible i material davant l'espectacle de la font de dolls múltiples, disposats en renglera o en cercle, amb l'aplec de les noies que omplen el càntir i de la mainada que xipolleja i juga.

Fa bé aquest escriptor de París que demana la creació, a França, d'una institució per a protegir i per a multiplicar les fonts, joia de la vida, gràcia de l'esperit.

Mancades de protecció i d'amor, moltes fonts d'aquestes desapareixen o són befades per les mutilacions o els afegits grossers. Hi ha poblacions rurals on l'ampla font de la plaça és l'únic element de poesia i d'art. I aquelles pedres humides, que han vist passar les generacions del poble i han vist créixer els infants xiscladors i envellir-se les dones del càntir, són cobertes amb pegats de guix o enderrocades per fer lloc a les tristes fonts de ferro colat o de vil rajola.

Quina bella col·lecció no podria formar-se amb dibuixos o amb bones fotografies de les fonts de les viles i els vilatges de Catalunya! En el martirologi dels monuments grans i petits que cada dia cauen o s'esquerden sota els cops dels bàrbars, les fonts artístiques i històriques hi tenen un dels primers llocs. Els homes vells i els homes d'edat madura recordaran, de segur, alguna o algunes de les fonts que conegueren en llur infància o en llur joventut, i que avui ja no existeixen. Nosaltres, quan fem estada a la nostra ciutat natal, no podem passar per la plaça que prengué el nom de la gran font que hi havia, sense sentir l'angúnia del buit que hi trobem i l'enyorança del monument ric d'aigua.

Quins bàrbars més foscos no són aquests homes que no saben estimar l'aigua i les fonts! Una font que raja és com l'altar d'una divinitat amiga. L'aigua és un magnífic do natural, un dels millors dons de què gaudeix l'home. Hi ha un profund misteri de vida en l'aigua que flueix, sonora, tota voltada d'espurnes de llum. Sòrdids, a més de bàrbars, són els que no saben honorar amb l'art i la poesia els dolls que aboquen l'aigua viva i vivificant.

Fonts de vila que ens doneu pròdigament la bona aigua i l'òptima alegria del món, bé mereixeu l'amor dels infants, de les donzelles, dels homes que passen prop vostre. Sacrílegs són els qui us enderroquen o us malmeten. Una vila que no té una noble font i una terra que no té un corrent d'aigua, són com rostres sense ulls.

«Sigueu mestre de cases»

Hem vist recordat suara aquest consell de Boileau, amb motiu d'unes estadístiques i d'unes dades que mostren l'excés de personal que hi ha avui en les carreres liberals i tècniques. En molts indrets del món sobren metges, advocats, arquitectes i enginyers. D'aquest excés vénen una pila de mals i de dificultats, tant per als qui es dediquen a aquestes professions com per a la societat en general. Més enllà d'un cert límit, l'abundància de gent d'una mateixa professió és fortament nociva.

Una de les causes que han dut a l'actual situació és el prejudici burgès contra els oficis de les mans. Durant molt de temps, la màxima aspiració de les famílies menestrals i petitburgeses ha estat la de donar carrera als fills. En alguns casos això és justificat per les condicions excepcionals demostrades per l'infant o l'adolescent. Però en la gran majoria dels casos aquestes condicions excepcionals no existeixen, i la vanitat dels pares, empesos pel desig d'ésser «senyors» i de veure els fills advocats o metges, ha omplert les carreres de gent mediocre i sense vocació, que ha desacreditat els títols acadèmics i ha tret a la vergonya un llarg rengle de fracassats.

Cal combatre, ara que l'ocasió és propícia, la mania de fer del títol acadèmic un senyal de distinció. Cal rehabilitar el prestigi i la glòria dels oficis de les mans, sobretot d'aquells que tenen un caire d'art. I davant la caterva llastimosa dels advocats sense plets, dels metges sense clients, dels enginyers sense feina i dels arquitectes inèdits, hem de repetir els mots de Boileau: «*Soyez plutôt maçon...*» Sí: més val ésser mestre de cases, més val ésser destre a alçar parets i fer voltes i a servir-se del nivell i de la plomada, que no pas vegetar en despatxos i consultoris deserts, a l'ombra dels pomposos títols que cobreixen la inutilitat o dissimulen la misèria.

El prestigi dels títols ha minvat molt, fins davant les noies riques. Abans, el títol d'advocat o de metge, si no servia per a guanyar-se la vida, podia proporcionar un bon casament. Per aquest cantó hi ha hagut augment de positivisme en les donzelles i en llurs famílies: els títols ja no enlluernen. D'altra banda, els fabricants, els comerciants, les grans empreses sobretot, cada dia donen menys importància als estudis oficials i als diplomes.

La tragèdia de molts homes de carrera liberal o tècnica consisteix en el fet de no saber-se separar oportunament del mal camí que han emprès. La desil·lusió els eixala, les privacions els corsequen, i, tanmateix, persisteixen a mantenir una «posició social» que és una aparença, però una aparença costosa.

Hom ha fet notar que, en aquest punt, la situació és més greu a Europa que a Amèrica, perquè ací hi ha encara la superstició del diploma. A Europa, els qui han estudiat una carrera s'entossudeixen quasi sempre a exercir-la, no sols per l'orgull del títol, sinó perquè no són capaços de fer cap altra feina, i així es troben, de fet, sense ofici ni benefici. A Amèrica, al contrari, ben bé la meitat dels estudiants es guanyen la vida practicant un ofici mentre estudien, i succeeix molt sovint que és l'ofici, i no pas la professió acadèmica, la manera de guanyar-se la vida que definitivament adopten. Si la carrera no dóna, apel·len a l'ofici sense caure en l'absurda contradicció de donar-se'n vergonya. Als Estats Units, diu un escriptor, els homes són jutjats, no pas pel que saben, sinó pel que fan. I entre l'arquitecte que sap molt teòricament i no fa res pràcticament, i el mestre de cases que alça els murs amb la traça de les seves mans, és aquest últim el més digne d'estimació i el més útil a la societat.

L'OFICI HEREDITARI

Com ens plauen les dinasties d'homes d'un ofici! En les famílies on l'ofici de les mans va de pares a fills, l'habilitat tècnica i l'amor a l'obra ben feta arriben a llur grau més alt. Un fuster que, en la seva línia genealògica, té el pare, l'avi i el besavi fusters, és un noble de l'ofici. I aquesta noblesa és molt més autèntica que la de moltes famílies amb títol nobiliari. Després de l'aristocràcia de l'esperit, la més digna aristocràcia és la del treball de les mans...

Anys enrere –deu o dotze– ens trobàrem en una de les nostres excursions davant d'un forn rajoler. (Aquest és el nom viu en aquella comarca; en altres comarques són usats els mots de rajoleria o teuleria). D'infants, havíem conegut el forn rajoler que tornàvem a veure. Havíem conegut el vell rajoler. L'havíem estimat i tot, perquè es complaïa a parlar amb nosaltres paternalment, i ens donava lliçons d'art i de ciència, i ens oferia la seva llarga experiència de la vida i dels homes. De la feina d'emmotllar rajoles, maons i teules damunt la llisa esplanada, ell en deia humorísticament «fer ganxet». El cridàvem d'un tros lluny: «Com anem?», li preguntàvem. I ens responia, alçant el cap: «Ja ho pot veure: fent ganxet, com sempre.»

En la nostra visita de deu o dotze anys enrere al forn rajoler, ja no hi trobàrem el nostre vell amic. Ja era mort feia temps. Però el forn i l'esplanada on les rajoles són emmotllades amb el fang argilós, i la decoració d'arbres i marges, amb el torrent i el camí, tot era igual, igual. Un home de mitja edat, ajupit, feia rajoles, i els rengles de peces toves s'estenien sota el sol de l'estiu. L'interpel·làrem: era el fill del vell rajoler.

Enguany hem tornat a visitar el mateix lloc, com en un piadós pelegrinatge. Tot ho hem trobat igual: el forn que fumejava; les feixines amuntegades una mica enllà; estibes de rajoles i maons i teules cuites enquadrant l'esplanada llisa, i un home ajupit sota el qual anaven estenent-se els rengles de fang emmollat. Duia la mateixa indumentària: damunt els peus descalços, uns calçotets de vions, lligats amb vetes, una camisa de la mateixa roba i un ample mocador mostrejat cobrint la testa i penjant per darrere. Li vam fer el crit, i ell alçà el cap lentament. Era un jovençà cepat: era el fill del fill del nostre vell amic...No veieu la noblesa que hi ha en aquesta fidelitat de la família a l'ofici tradicional? Una dinastia de rajolers, o de fusters, o de mestres de cases, és més noble, davant l'esperit, que les famílies d'aristòcrates inútils, nodrits per una renda sense treball. En veritat us diem que vam estrènyer amb efusió la mà del jove rajoler, en la qual l'argila, assecada durant la conversa, havia format una mena de guant.

L'Escola de Boters

Llegim que s'ha inaugurat a París una escola de boters. Aquesta escola ha estat creada per la Cambra sindical de la boteria. La cerimònia de la inauguració ha constituït una festa assenyalada.

L'escola dels boters era necessària a França. De la Gran Guerra ençà, l'art de fer bótes havia decaigut molt. Cada dia eren més escassos els bons boters. La nova escola, diu un diari francès, té per objecte de fer reviure l'artesanat per a aquesta branca de la indústria.

França necessita boters que facin la feina ben feta. I per fer ben fetes les feines de les mans cal una claror d'intel·ligència al cap, i una calentor d'amor al pit. Saber l'ofici i estimar l'ofici són les dues condicions del bon oficial.

Nosaltres sempre hem cregut que l'ennobliment dels oficis és indispensable per al millorament de la vida social. El desamor que molts treballadors senten per llur ofici fa més greu i tenebrós el problema obrer. No hem de donar als treballadors tota la culpa d'aquest fenomen. Un gran nombre d'aristòcrates, de burgesos, d'intel·lectuals i de funcionaris senten menyspreu pels oficis manuals. Els elogis que sovint dediquen a aquests oficis són buides bombolles de retoricisme dolent.

Aquest menyspreu s'ha encomanat als obrers. I els oficis manuals –llevat de l'ofici de manobre, que no és verament ofici, sinó simple feina– degeneren de pressa, quan els qui hi treballen se'n senten avergonyits.

És un prejudici estúpid el de la inferioritat dels oficis de les mans. En aquests oficis hi ha aspectes de tècnica i d'art que els posen per damunt, espiritualment, de moltes professions i funcions exercides per gent que es dóna importància. Fer una bóta ben feta, amb les seves fustes corbades i els seus cèrcols ben cenyits, té més mèrit i més categoria que fer de subaltern en qualsevol oficina o despatx.

A casa nostra veiérem, anys enrere, un esforç per enaltir els oficis, especialment aquells que, per llur especial natura, són intermedis entre el treball de l'artista i de l'artesà. Oficis d'art, bells oficis... En el fons, tots els oficis són bells i en tots hi ha art, quan es troben a les mans d'homes que els dominen i els estimen.

Amb l'escola dels boters, França ha emprès una orientació que en altres temps i en altres llocs ha donat resultats fecunds. Un poble cau en una perillosa crisi quan l'obra no surt ben feta de les mans dels obrers, sia per deficiència dels tècnics, sia per mancança d'afecte al treball. El desamor dels uns i el menyspreu dels altres corca els fonaments de l'edifici econòmic i emmetzina la vida de l'esperit.

A Catalunya té una vella tradició l'ofici de fer bótes. Els nostres boters han passat per molts alts i baixos. Llur prosperitat i llur decaïment han coincidit quasi sempre amb la prosperitat i el decaïment de la nostra economia. Moltes viles i ciutats catalanes saben prou bé que hi ha feina i riquesa i compravenda i embarcaments quan, al mig de carrers i places o dins els patis, ressona el martelleig insistent dels boters... És un ofici que es mereix bones escoles i bons mestres, que facin de l'aprenent un bon fadrí.

Els nostres aprenents

Entre els minyons de la terra nostra, ens interessen i ens plauen especialment els que aprenen un ofici manual. Comprenem tot l'encís de l'aprenentatge. Comprenem l'amor de l'adolescent a les eines que comença a fer servir i que han d'ésser les companyones de la seva vida. Si en el cor de l'aprent hi ha una flameta d'il·lusió, els temps inicials de l'ofici s'omplen d'una claror d'esperança i d'una íntima poesia. El minyó que té la sort d'estimar l'ofici que aprèn és el més feliç de tots els minyons. Ell sent, i en frueix, la delícia optimista i constructiva del treball que surt alegrement de la mà dels homes.

El bon aprenent és el minyó de més salut moral, perquè les aptituds que adquireix s'apliquen immediatament al miracle de la indústria humana. Les mans humils de l'aprenent es fan, per als seus ulls, miraculoses. Amb l'auxili de les eines amigues es tornen dòcils la fusta i el ferre, pugen els edificis, s'encenen de colors les superfícies de les coses.

Tota la joia i tota la poesia de l'aprenentatge, va saber posar-les En Josep Obiols en el cartell magnífic que féu per a l'Escola del Treball. El minyó va content i àgil cap a la feina, portant el cabàs de les eines a la mà i una flor als llavis. Probablement cantusseja. Ens sembla que la seva cançó té per lletra aquells versos d'imitació popular que En Francesc Pujols va compondre:

> Jo vaig voler ser fuster,
> l'ofici que més m'agrada.
> Sant Josep també ho va ser,
> i de molta anomenada....

Hem de mirar amb afecte preferentíssim els aprenents de casa nostra. En les institucions creades per la Diputació de Barcelona i per l'antiga Mancomunitat de Catalunya, hi tingué una part important la satisfacció de les necessitats de l'aprenentatge. És indispensable que, d'una manera o altra, aquestes necessitats siguin convenientment ateses.

L'actual generació catalana dels aprenents a Barcelona i potser encara més fora de Barcelona, entra a la vida social amb una tal riquesa de sentiments, que ens promet la rectificació de certes orientacions deplorables de l'obrerisme català. Entre l'aprenent d'avui i el de vint o trenta anys enrere hi ha diferències molt marcades, i algunes d'aquestes diferències són transcendentals. Si ara realitzeu una mena d'informació entre els aprenents de fuster, de serraller, de pintor o d'ebenista, el cor se us eixamplarà i els seus batecs seran com repics de festa.

Necrologia d'un pescador

Ens permetreu, lectors amics, que avui dediquem el nostre article a un home d'humil condició que acaba de fer una fi tràgica? Vosaltres trobareu al diari una notícia vulgar de la crònica de sang: un pescador de Tarragona que ha caigut mortalment ferit en una baralla, promoguda –oh, sarcasme de la misèria humana!– per un grapat de fems del camí. La desproporció entre el crim i la seva causa pot servir de tema a tristes reflexions sobre els fenòmens psicològics i socials. Però no és pas l'aspecte abstracte el que nosaltres veiem preferentment en aquest homicidi. Allò que hi veiem sobretot és la figura del pescador mort.

Aquest pescador de platja –pobre pescador d'art i d'artet– era un amic nostre, un company de converses i un col·laborador en les nostres feines agrícoles de l'estiu. I perquè coneixem aquest home, i parlàvem sovint amb ell, i rebíem alguna vegada les seves confidències podem dir i certificar que no era un home roí, ni un home plebeu. A nosaltres ens plaïa més l'enraonar, amb aquest pescador analfabet, de coses de la mar i del cel, de peixos i d'estels, que no pas enraonar de política local o de crítica literària amb alguns homes de carrera i de pretensions.

El nostre pescador era un català de Calaceit –català a despit de la geografia oficial–, recriat a Tarragona, casat i amb onze fills, que vivia en un casalot mig enderrocat vora la platja tarragonina de l'Arrabassada. En aquella platja s'aplega la misera gent que viu d'estirar l'art. Entre aquella humanitat caiguda –tan caiguda físicament com moralment– el nostre pescador es destacava amb noblesa. Havíem pogut comprovar repetidament que eren sencers, dintre la seva ànima, els ressorts morals; i el seu tipus físic era ben diferent del tipus de degenerat o d'alcohòlic que sovint apareix al llarg de la corda dolorosa que estira la xarxa de l'art.

Aquell home es mereixia una altra vida... i una altra mort. Era desinteressat, honest, treballador, a despit del desordre de les seves tasques. Tenia molt vius el sentiment de l'honor i el sentiment de la caritat, en el millor sentit d'aquest mot. Si ell necessitava caritats per a la seva família nombrosa, donava en canvi la caritat del seu coratge als qui veia en perill de mort. En pocs anys, poguérem veure amb els nostres propis ulls aquell pescador carregat de fills llançar-se sense vacil·lar al mig de les ones de la mar avalotada per salvar la vida de banyistes que s'ofegaven. I quan exposava la pròpia vida per salvar la dels altres, no pensava en cap recompensa material, sinó en el bé que feia, en el deure que complia.

Els amics que hagin llegit el «Quadern blau», on Carles Soldevila i Claudi Ametlla escriviren la nostra biografia, potser recordaran l'al·lusió que hi ha, cap al final, a un veí de platja, mig mariner i mig pagès, que ens ajudà a convertir en hort un roquissar. I bé: aquest home que ara ha caigut, colpit per una ganivetada al cor, és el nostre col·laborador, el company en la feina de fer crestalls i marges.

L'estiu vinent sentirem prop nostre el buit del pescador amic, que sabia tots els noms de tots els vents, i tots els noms de totes les plantes, i tots el noms de tots els peixos, i que guaitant els núvols i l'estelada del cel, ens deia el temps i les hores.

DIADES DE L'ANY

Les fites il·lusòries

Primer dia de l'any nou... Una altra anyada comença, avui. Però, on es produeix el fenomen del començament de l'anyada? No es produeix en el món exterior, sinó dintre l'home. Els començaments, tots els començaments, són una il·lusió humana. El món, tal com l'home l'ha trobat, és una gran continuació. Les coses continuen per evolució lenta o per canvi sobtat. De tota manera, continuen. La vida és una transformació, no pas una creació.

Per què, doncs, parlem de l'any nou? En parlem perquè la il·lusió del començament és una de les il·lusions necessàries. I la il·lusió és sovint una força vital. Enmig de l'univers conegut, l'home viu per la il·lusió de la seva ànima, tant com per la saba biològica. Els homes han imaginat la il·lusió de la cronologia, la il·lusió de la mesura, la il·lusió del nombre. I això ho han fet per donar una concreció a llur vida. Les fites il·lusòries que l'home ha posat en l'espai del temps li serveixen per a afirmar la pròpia personalitat, per a tenir la consciència d'ell mateix. Si no poguéssim mesurar i comptar al nostre voltant un tros de temps i un tros d'espai, quedaríem deixatats i perduts en l'infinit i en l'etern, en el gran buit incommensurable. L'home és un ésser essencialment geomètric i aritmètic. La totalitat que no s'acaba, que no es pot mesurar ni comptar, es, pràcticament, el no-res. Per a viure, per a existir, l'home necessita la limitació. De la limitació és fill. Així, limitant el temps amb la divisió dels anys, dels mesos, dels dies i de les hores, i limitant l'espai amb tota la nomenclatura de les mides més diverses, l'home projecta la seva pròpia natura sobre el món exterior. I en aquest apareixen, com per obra de miracle, les porcions d'espai i de temps delimitades per les fites il·lusòries.

Aquestes fites, que no tenen sentit fora de l'home, tenen un sentit profundíssim dins nosaltres mateixos, per la raó que són tot el secret de la nostra vida. Un any que comença és en veritat un començament per a tots aquells homes i per a tots aquells pobles que porten dintre una cobejança o un ideal. La divisió del calendari ens ajuda en el nostre camí. Tots ens cansaríem de caminar si no trobéssim, de tant en tant, les fites que assenyalen el tros fet. L'any nou no és res fora de nosaltres; el primer dia de l'any és com tots els altres dies. Però quan un home o un poble senten un noble afany de realització i de superació, en la novetat il·lusòria de l'any i en la primeria il·lusòria del dia inicial troben un esperó de la pròpia energia, un estímul per a la continuació fecunda.

Els desenganyats són els més enganyats de tots els homes. Els qui saben que l'any nou és una il·lusió i que no hi ha en realitat dia primer ni dia darrer, i que les fites cronològiques i viàtiques són una convenció de la limitada ment humana, no han de treure d'aquesta coneixença cap conclusió pessimista. La novetat de l'any, la primacia del jorn que l'obre, són il·lusions capaces de germinar com una llavor. Les fites, siguin materials o immaterials, representen per a l'home la ponderació i la relació, que són tota la vida humana. La llei de la il·lusió regeix perdurablement entre els homes. I aquell qui no l'acata té pena de la vida, perquè és ja mort en esperit abans que la terra torni a absorbir la carn del seu cos.

Salut, fites il·lusòries! Una espurna de vida salta de l'home cap enfora, i aquesta és la fita inicial de l'any. Si volguéssim materialitzar els començaments d'anyada, posaríem al llarg del camí del temps, una filera de flames claríssimes il·luminant alhora el passat i l'esdevenidor, i prolongant així, cap endavant i cap enrere, la lleu espurna del present.

Salut, il·lusió, la més bella i la més noble força del món humà! La vida dels homes és curta, la vida dels pobles és molt més llarga. Però totes dues s'esvairien en l'immens no-res, si la nostra imaginació intel·ligent no distribuís, en els espais, les fites divisòries. La divisió, la limitació, la mesura i el nombre són l'afirmació de l'home i de la humanitat. Els romans tenien el sentiment pregon d'aquesta realitat permanent, quan alçaven en les divisòries longitudinals de les vies els monuments dels mil·liaris. Els qui van pels camins al pas natural de l'home, que és la més noble velocitat, troben un conhort i un esplai davant la columna indicadora on resplendeix la bellesa de l'art.

Si nosaltres fóssim a fer, manaríem que dels camins i les carreteres de Catalunya fossin trets els vils pedrots que ara assenyalen els quilòmetres, per posar-hi primes columnes esculpides pels millors artistes. La fita és la condició de la vida humana. Pedres en el camí de la terra, flames en el camí dels segles, aquestes són la nostra força i el nostre senyal.

L'any i l'home

Ens posem a escriure aquesta crònica mentre els mots de salutació esclaten al nostre voltant... «Bon any!»... Companys i amics ens adrecem mútuament l'expressió falaguera per a l'any que comença. Sota la fórmula cordial hi ha el vell secret de la paraula viva. Fins aquells qui diuen «bon any!» maquinalment, acaben per sentir la influència de l'auguri. Entre l'espurneig de les paraules d'amistat arriben a creure que al món neix una gran força del bé.

El crit de salutació per a l'any nou ve a augmentar la nostra reserva d'optimisme i de joia. En entrar dins un altre any convé que aquesta reserva sigui copiosa. Emprenem una etapa del nostre viatge de la vida, i cal que posseïm en aquest moment una considerable provisió d'energies espirituals. Bé prou que vindran, al llarg de l'anyada, les hores adverses, els dies hostils. No tindria el seny complet l'home que es pensés que per a ell i per als seus el bon any és el fàcil i gras, sinó l'any en el qual la voluntat de l'home es dreça contra els obstacles i supera amb el propi esforç les adversitats exteriors i els interiors defalliments.

Hem dit que la voluntat ha d'ésser en l'home el factor decisiu per a aconseguir un bon any. El temps propici i les circumstàncies favorables no tindrien la virtut de fer bo aquest any ni cap altre. En certs moments la fúria de la fatalitat desarma l'home i el priva de tota defensa. Però, habitualment, allò que fa l'any bo o dolent per a cadascú no és el temps variable, no és la llei dels astres, sinó la nostra llei interior. Massa gent dóna la culpa de la pròpia dissort a les adversitats que la colpeixen. I no pensa que una gran part de culpa és dintre d'un mateix, en la negligència o la feblesa o l'esgarriament del seu esperit.

Que l'any sigui bo! Que siguin bones per a nosaltres les forces naturals, l'ambient social i els cops de l'atzar, però també hem d'ésser bons nosaltres mateixos. I donem ací a aquest mot el seu més ampli sentit de treball, de fortitud i de generositat. No seria just que demanéssim un any bo, i esperéssim de les circumstàncies exteriors, de la gent que ens volta, de la societat en què vivim, l'assoliment de les nostres aspiracions i la felicitat de la nostra vida. Cal posar-hi en primer lloc la pròpia i personal contribució. Per a tenir dret a demanar que l'any sigui bo hem de merèixer la bondat de l'any.

Quan diem «bon any tingueu vós i els vostres!», hem de voler dir, no solament que les circumstàncies exteriors afavoreixin l'amic al qual adrecem la salutació, sinó que hem de significar també que ell posi en la nova anyada el major esforç de treball, la més intel·ligent persistència en l'obra de cada dia. Els anys que roden en ordenada renglera pels camins del temps no són ni dolents ni bons per ells mateixos: és l'home el qui sent dintre seu el bé i el mal dels anys que passen.

Bon any, amics! Bon any, companys! Però pensem tots plegats que no és l'any el que fa l'home: és l'home el que fa l'any. Any bo o any dolent depenen, en gran part, del treball i del coratge dels homes.

Els Joseps

El dia de Sant Josep és festa assenyalada. Ho és per la significació evangèlica d'aquest sant popularíssim, i ho és pel gran nombre de persones que l'han adoptat com a patró. A tot arreu del món cristià hi ha Joseps en abundància. A Catalunya –i en altres llocs– el nom de Josep és el més estès. Entre les dones, la proporció de Josefes deu ésser, si fa no fa, equivalent a la de Joseps entre els homes. El dia 19 de març celebren llur festa onomàstica milers i milers de persones. I la festa de l'Església esdevé així una general festa familiar.

L'extensió tradicional d'uns quants noms de sants és una bella cosa. Diríem que aquesta extensió és un llaç de solidaritat humana. Un fals sentit aristocràtic ha creat una certa tendència –que no és pas d'ara– a triar noms sonors i poc comuns. Hi ha pobra gent que troba que dir-se Josep, Joan o Jaume, com qualsevol terrerol o menestral, no fa senyor. D'ací ve que en arribar l'hora de posar nom als fills i a les filles, la burgesia es decanti sovint cap als noms inusitats o brillants. És un costum que ens sembla deplorable. Si aquesta qüestió pot ésser tractada en el seu caire estètic, haurem de dir que nosaltres trobem més eurítmia i més distinció en els noms força estesos, en aquells noms que han dut, centenars i milers d'anys enrere, els nostres avantpassats.

Hi ha qui dóna al romanticisme vuitcentista la culpa de la moda dels noms ressonants i cavallerescos. Però la veritat és que també en l'onomàstica d'altres èpoques, en major o menor grau, apareix aquesta classe de dissonància. Hi ha períodes històrics que es caracteritzen per l'aspror dels noms. Hi ha així mateix pobles i races que mostren una fonètica detonant en els noms familiars. Algunes èpoques especialment dures, com l'època carolíngia, es caracteritzen per una onomàstica fèrria.

La nostra preferència se'n va cap als noms més estesos, més vells, més tradicionals en la pròpia contrada. Aquests noms han estat adaptats a la fonètica de cada llengua i han esdevingut, per llur forma i per llur so, mots vivents de la parla vernacla. Al contrari, els noms emmanllevats, fills de la imitació, deguts a les preocupacions pseudoaristocràtiques o influïts per una minsa cultura literària, fan l'efecte de noms estranys, que singularitzen o de vegades ridiculitzen aquells qui els porten.

Plau-nos de fer, en la diada de sant Josep, l'elogi del món del dolç fuster. Encara veiem un altre avantatge en aquest nom i en els altres noms de sants ben coneguts: i és que el qui els té com a patró, en sap, encara que només sigui sumàriament, la biografia. El nom de fonts no és en aquest cas un simple mot de santoral, sinó l'advocació d'un personatge que coneixem per la tradició o per la història.

En la humilitat del nom hi ha una vera noblesa íntima. L'home que val no necessita singularitzar-se amb una onomàstica pomposa. Tenir per patró un fuster –ofici que lliga la suavitat i l'energia, l'enginy i la perseverança– és una glòria. Tots guardem en la nostra imaginació una figura de sant Josep, estampa viva i clara, on el rostre de l'espòs de Maria pren una excelsa serenitat. Diguem, de passada, que els entesos en les Escriptures han fet notar que el costum, tan antic, de representar sant Josep com un vell no és prou fonamentat. «Hom no sap», llegíem fa poc en una obra eclesiàstica, «si sant Josep en casar-se era vell o era jove». La tradició de la seva senectut prové, sembla, del text d'un dels evangelis declarats apòcrifs per l'Església romana.

Saludem el nom de Josep, ric de prestigi bíblic, olorós de bones fustes, que té regust d'antiguitat i ressonància pairal. El primitiu nom hebreu ha passat a totes les llengües del món cristià. I cadascuna se l'ha fet seu, i totes poden dir que els pertany en la seva modulació fonètica i en la seva tradició familiar. El sant de la vara florida –anunci de la primavera– dóna el seu patrocini amb tanta liberalitat, que en la diada de sant Josep hi ha una festa a cada casa.

Les diades que tornen

Haveu pensat alguna vegada en el caient que prendria la llarga renglera dels dies en els anys successius, si no hi hagués, en el curs de cada anyada, les diades tradicionals? No solament el viure quotidià es faria monòton, ans encara cauria damunt els homes el pes feixuc de l'envelliment. Si en la vida no hi hagués les diades que tornen, fidels, sota el tomb dels astres, tot el temps passat ens semblaria perdut, i ens mancaria un element confirmatori de la identitat de la pròpia vida.

Diumenge de Rams... Després, la Setmana Santa... Tot seguit, la Pasqua triomfant. I cada any, aquest cicle de diades ve i se'n va per a tornar l'altre any. Aquestes diades i totes les altres lliguen fortament els instants de la nostra vida. Cada diumenge de Rams, cada Pasqua florida, cada nit de sant Joan i cada Nadal fan reviure dins nosaltres les mateixes diades dels anys que han passat.

Quina recança profunda la dels dies que no han de tornar! Mor una part viva de l'ànima nostra cada vegada que un dia d'aquests fuig cap al no-res i desapareix més enllà de la foscor impenetrable. És com si l'home anés deixant trossos de vida pel camí del món i perdent així la vitalitat espiritual, el foc de la flama que el fa viure. L'esperança de demà, després de convertir-se en la realitat present, esdevé cendra d'enyorança.

Per això és tan conhortadora i tan vivificadora la il·lusió dels dies que tornen. Vénen les diades tradicionals a recordar-nos el ritme de la vida, la llei de rotació que sosté l'univers. I quan una diada s'esvaeix, no tenim la sensació d'una cosa que ha fugit per sempre, ans bé sabem que altres dies vindran amb la mateixa significació.

Cada vegada que una diada d'aquestes arriba, la saludem com una antiga coneixença. A la bellesa de cada festivitat s'afegeixen els nostres records personals i íntims. Davant les palmes nervioses que tremolen sota el cel, una sèrie de visions de diumenges de Rams apareix a la nostra imaginació.

Deixar les coses per a no tornar-les a veure mai més és una inmensa tristesa. És la tristesa de la mort. Els dies vulgars passen i ja no tornen. Les diades tradicionals vénen una vegada i una altra, i quan se'n van ens diuen: «A reveure!» Per això nosaltres, en el moment que torna una d'aquestes diades, li diem al nostre torn: «Benvinguda!»

Benvinguda sigui avui la diada del diumenge de Rams, que alça en les mans dels infants nostres la palma vincladissa i que omple d'arcades movibles l'aire dels nostres carrers!

Elogi de la palma

En el diumenge de Rams, les palmes triomfen. És el triomf de la gràcia, del moviment suau i àgil. La corba bellugadissa de les palmes és una de les pures belleses del nostre món. Si voleu comprovar el sentiment estètic d'un home, fixeu-vos en els seus ulls mentre guaiten el moviment de les palmes servades pels infants. Si els ulls no li lluen amb claror de cel, si en la seva faç no s'inicia un mig-riure d'íntima delícia, tingueu per segur que aquell home és orb d'esperit. El prestigi mil·lenari de la palma, consagrat per les històries i per les llegendes, és un dels més ben guanyats. Primes, nervioses, fines, clares, gràvides sense feixuguesa, vincladisses sense humiliació, les palmes ens donen, amb llur corba en moviment, una incomparable lliçó d'estètica.

Potser va ésser davant d'una palma que el primitiu home rústec –un rústec no és precisament un bàrbar– va tenir la idea de la bellesa pura. D'altres belleses hi ha que tenen un batec fort de passió i un alè càlid de sensualitat. La bellesa de la palma –mig arc vibrant– és de naturalesa arquitectònica. L'arquitectura és la més neta i austera art humana, i per això mateix la més noble i educadora de totes les arts. En la pintura, en l'escultura, en la música, en la literatura trobareu, en més o menys proporció, més o menys sovint, l'element sensual. Moltes de les manifestacions d'aquestes arts, fins de les manifestacions més excelses i genials, són, en certa manera, torbadores. La bella arquitectura val per ella mateixa, no pas per cap guspira extraestètica. Una rosa us enlluerna pel color, us embriaga per l'olor. Una palma us aclareix l'esguard i us enjoia el cor per la virtut de la seva línia i del seu bellugueig.

Línia en moviment, arquitectura viva, la palma és superior a totes les formes rígides; és una forma en aleteig. Dóna, en el regne vegetal, la mateixa lliçó moral i estètica que en el regne zoològic dóna l'oreneta voladora. Ve a ésser com si l'oreig hagués entrat dins la branca corbada i daurada. Sostinguda pels braços puerils, la palma és com un estendard de triomf incruent.

Ben acollida ha estat la palma com a símbol de recompensa. Bíblica i clàssica, religiosa i civil, la palma és un senyal de la dignitat humana, d'una dignitat que sap somriure, capaç d'un moviment àgil que li permet de gronxar-se i de vinclar-se sense tocar a terra en desmai.

Per què hem de posar a les mans dels infants nostres, en el diumenge de Rams, les curtes palmes artificials, ertes, amb inútils ornaments daurats i argentats i amb penjolls de llepoleries? En aquestes palmes que no són palmes, el millor encís de la diada desapareix. La nostra preferència i el nostre elogi van a les palmes altes, als palmons elegants i airosos que s'aixequen per damunt dels caps, rams de flexió movedissa, indecisos entre el cel i la terra com un enamorat que té un doble amor.

Si estimeu les visions de la bellesa en l'esclat de la claror del sol, espereu-vos avui, diumenge de Rams, vora la porta d'un temple, i molt millor si és un temple amb amples escales al davant. Espereu que surti la multitud d'infants i de grans sota les arcades de les palmes bellugadisses. Remors i colors us ompliran els ulls i l'ànima d'un ritme d'alegria interior. La visió serà curta. Però la impressió us quedarà perennement gravada com una estampa indeleble. La corba movible de les palmes us haurà alleugerit el pes del temps.

El silenci en la ciutat

Oblidant-nos voluntàriament de l'exemple de moltes grans ciutats d'Europa i Amèrica, ens plau de trobar dins l'any uns dies en els quals la ciutat trepidant i sorollosa es torna quieta. La invasió de la ciutat pel silenci que ens ve del cel i de la terra interromp amb unes hores de repòs l'agitació que ens volta i ens penetra.

Aquest parèntesi silenciós té delícies molt pures. Quan s'apaguen els sorolls del trànsit urbà i les cridòries dels homes, veiem millor la ciutat, la humanitat, la natura. Enmig del silenci ens adonem de moltes coses que el soroll i els crits ens amaguen habitualment. Els ulls es fan més aguts i més clars, i un sentit intern ens permet d'escoltar les veus sense so que ens pugen de la profunditat de l'ànima nostra i les que ens arriben del món exterior.

No heu pensat mai en l'enorme munt de sorolls i crits i esgarips i paraules vanes que a cada moment cauen damunt dels homes, com una pluja d'inutilitat? El soroll ens allunya sovint de la realitat més viva i ens fa estranys a nosaltres mateixos. El parlar i el cridar són moltes vegades esplais instintius, biològics, que distreuen l'home de les feines fecundes i de les idees perennes. El soroll i la cridadissa són com l'escuma del so.

Benvingut sigui el silenci en la ciutat... Tots els qui, no fa gaire, trobaven en la quietud de l'acròpolis de Barcelona una de les excel·lències d'aquests carrerons nobilíssims, han de lloar la tradició que estén per unes hores a tota la ciutat vella el silenci del barri medieval. En les hores silencioses, els cristians troben l'ambient adequat als records de la passió del Crist, i tots els homes hi poden trobar una clariana de repòs espiritual, que pot servir-los per a estimar més i per a comprendre millor la ciutat i el món.

En el miracle del silenci s'obren amplament les dues grans roses de l'ànima humana: la contemplació i la meditació. Els ciutadans que viuen els dies de l'any en una activitat sorollosa i apressada, en arribar les hores quietes podran reposar-hi com damunt d'un coixí.

Que les curtes hores de silenci en la ciutat serveixin per a enfortir el sentit de la vida, el gust de l'acció, l'altesa del propòsit. Que serveixin per a posar l'atenció i l'amor en aquelles belles i bones coses que les trepidacions, les remors i els crits no ens deixen percebre. I que serveixin també per a fer odiosos els trontolls sense finalitat, els sorolls innecessaris, els crits excessius, les veus perdudes en la buidor.

Entra el silenci a la gran ciutat, i atura les manifestacions de la vida tumultuosa. Entra el silenci a les places, i als carrers, i a les cases de la gent. Sapiguem saludar aquest hoste, sapiguem tractar-lo dignament, ara que ve a fer-nos companyia en una aturada del nostre camí.

Les campanes

La festa pasqual omple el món cristià de repics de campanes. Hi ha en aquest esclat de sons i ressons metàl·lics un encís fortíssim. Totes les músiques i tots els cants de la terra, totes les melodies populars i totes les simfonies sàvies no podrien tenir en certs moments, l'expressió clara i penetrant del toc de campanes. Aquesta expressió, la copsen, no sols els creients i els poetes, ans tots aquells qui saben trobar la significació íntima dels sons i de les visions, dels perfums i de les paraules. Les campanes de Pasqua, rialla de l'eterna joventut del món, porten al punt màxim el prestigi d'aquest so que ens fa compayia en els dies i en les hores.

De què ve el prestigi multisecular i universal de les campanes? Sens dubte, el so i el ressò de llur metall tenen per si mateixos un valor emotiu. Les campanes, més que so, posseeixen veu, una veu que no és articulada, però que sovint expressa els matisos subtils de la humana veu. Tanmateix, el so, tot sol, no donaria a les campanes el prestigi que han guanyat. Quin és, doncs, el secret de llur domini? Creiem que és l'altitud. El poder de les campanes els ve de l'alçada des de la qual ens parlen. Imagineu-vos els sons i les combinacions sonores d'unes campanes posades a peu pla, al nivell de la terra per on la gent camina; i us adonareu que les campanes perden quasi tot llur principal encís. Els tocs i els repics de les campanes baixes no es diferencien gaire del martelleig inexpressiu dels ferrers. Posada enlaire, per damunt de la terra, per damunt de les cases, però en relació i en comunió amb les cases i amb la terra, la campana pren tota la seva noble significació.

Aquesta és l'excel·lència de la campana. Per això, en la seva glòria, hi té tanta part la campana com el campanar. Els cloquers són la fesomia de les poblacions, tal com les muntanyes són la fesomia de la terra. La campana és el so en sobirania: una sobirania material que esdevé sobirania espiritual.

Perquè tenen veu, tenen les campanes una particular individualitat. La veu és un distintiu individual. Per la veu podem conèixer les persones, com coneixem les campanes. Així prenem el costum de sentir aquestes veus, i les enyorem quan no les sentim. Així les campanes adopten la naturalesa de les ciutats, de les viles i dels llogarrets per damunt dels quals ressonen. Aquestes veïnes que habiten dalt dels campanars allarguen llur vida a través de moltes generacions humanes. En llur so hi ha un ressò d'història. Sovint les campanes tenen una popularitat tradicional. Un vell barceloní coneixia la veu de la campana Honorata; un tarragoní coneixia i coneix i coneixerà la de la campana Copona.

Alt el campanar, alta la campana, el toc i el repic eleven l'home. Tota la gamma dels sentiments humans, des de la més exultant alegria a la més desolada tristesa, troben en la veu que ve d'enlaire una expressió vera i vivíssima. Lleu o greu, aguda o ronca, lenta o ràpida, la veu de les campanes diu sempre alguna cosa. I la diu per a tots, en un moviment d'amistat franca, en un retret d'igualtat.

Hi ha altitud en la campana, i amplitud també. El seu so s'escampa lluny, arriba fins a la gent del terme, sobta els qui feinegen en la terra i els qui passen pels camins o seuen a llurs vores.

En la festa pasqual alcem la nostra salutació i el nostre esguard a les campanes fidels, a les velles campanes pairals, més altes que la terra plana, però unides a la terra com ho estan les muntanyes. La Pasqua trenca el silenci dolorós amb els repics de glòria i de joia. Quan les campanes repiquen, senyal de festa. Sempre hi ha en els homes la possibilitat d'una festa, àdhuc enmig de les dissorts i les tribulacions. Sempre hi ha una visió de bellesa o un so de noblesa per a mantenir la fe i per a estimar la terra mare. Salut, altes campanes, reines de l'espai lliure, guaites dels perills, senyals de les hores i dels dies, nuncis dels fets humans!

Nit de Sant Joan

Ara que s'ha apagat la claror del llarg dia, s'encenen en els carrers de la ciutat i en els flancs de les muntanyes veïnes les foguerades de Sant Joan. En clarejar el nou dia només quedaran munts de cendra en el lloc de les flames nocturnes. Les estrelles del cel, en la vetlla, han guaitat amb ironia els focs de la terra i els coets voladors.

Nit de l'amor ha estat anomenada aquesta nit que els homes volen fer clara per honorar el sol. Amb les fogueres teixeixen un llaç flamejant que uneix la resplendor de la posta amb la resplendor de l'albada. Així, en la successió de les tres clarors vermelles –sol de ponent, foc de flames, sol ixent–, la nit de Sant Joan no és una nit...

El més viu record personal que guardem de la nit encesa és, per contrast, un record melangiós. És un record que, al cap de vint-i-cinc anys, conserva en nosaltres tota la intensitat. La nit de Sant Joan se'ns va aparèixer ben diferent de com l'havíem vista sempre nosaltres i de com la veu tothom: nit d'amor, nit de gatzara, nit de balls i de rialles... En aquella hora sentírem tota la tristesa de la música llunyana, perduda en la nit del camp. Pel fons d'un barranc pedregós, anàvem tots sols cap a un mas en festa. Ens trobàrem voltats dels sons esmorteïts d'acordió i piano de manubri, de cridadissa i cançons. Les ràfegues d'aire ens duien aquests sons barrejats i mutilats. I una tristesa freda i aguda ens penetrà dins l'ànima fins a xopar-la d'amargor. Les músiques i les veus joioses ens arribaven, a través de la fosca, com bocins d'un plor desconsolat.

Una música llunyana en la nit, escoltada des d'un lloc desert, és profundament trista. desvetlla dins nosaltres totes les enyorances i tots els dolors, fins els dolors morts i els somorts. Us sembla que totes les tristeses humanes i còsmiques gravitin sobre el cor vostre.

Només hi ha una cosa més trista, a la nit, que una música llunyana en el camp, i és una música llunyana en la mar. Una de les més punyents pàgines literàries de Josep Yxart és aquella en la qual descriu el seu passeig nocturn pel moll de Tarragona. D'un navili estranger ancorat al port surt la música d'una acordió: és un gemec desolat damunt l'aigua indiferent i quieta.

...Però aquests records personals i aquestes impressions subjectives no desfan l'alegria popular de la nit de Sant Joan. Flamegen les foguerades; les ratlles de llum pugen enlaire i es desfan en espurnes i en estels de colors; la gent dansa en rodones o en parelles, riu i canta el jovent... Cal que us barregeu a l'alegria de la gent en festa. Aquell qui mira aquesta alegria sense barrejar-s'hi troba que és la cosa més sinistra del món.

La multitud en festa, per Sant Joan

El nostre Rusiñol ha popularitzat el nom de «nit de l'amor» aplicat a la nit de Sant Joan, nit de foc i de flames, oferta a l'expansió del jovent i a l'espera de l'alba... Recordem haver contat ací mateix, un tal dia com avui, un record personal que mostrava el contrast colpidor de l'alegria popular d'aquesta nit i la profunda tristesa dels sons de música dins la fosca i la solitud del camp.

Tanmateix, hi ha en la nit de Sant Joan, vista a ciutat, una gran alegria de multitud. A Barcelona i en altres ciutats ha arrelat tan profundament la celebració d'aquesta festa de fogueres i de músiques, que és impressionant l'enorme riuada humana en les amples vies ciutadanes durant tota la nit. De segur que en cap altra nit de l'any no hi ha al carrer una quantitat comparable de gent. Els barcelonins que dormen en aquesta nit potser no són tants com els que vetllen. És difícil d'elaborar una estadística sobre aquest punt, però és un fet que el prestigi de la nit d'alegria porta als carrers moltes desenes de milenars de ciutadans.

La multitud en festa, aplegada a l'aire lliure o movent-se com un riu pels carrers de la ciutat, té sempre una força vital de joia. Hi podrà haver dolors de moltes ànimes, punyides en molts cors. Però de la multitud surt una sensació d'alegria. Una alegria superficial i visible, buida i ressonant.

Foguerades i coets, coques i balls, la nit d'alegria passa damunt la ciutat... Quan, com a casa nostra, la festa tradicional transcorre sense incidents lamentables, ofereix una bella prova de les qualitats ètniques. Sense acords previs ni programes fixats, l'espectacle de la multitud pren un ordre espontani i adopta una disciplina natural. Diríeu que la tradició ha ensenyat a les multituds nostres de conduir-se bé en els dies i en les nits de festa.

Festa del foc i del sol, la nit de l'amor és una aventura per als qui es llancen a cercar-hi esplai. Entre la claror del foc i l'espetec dels coets, entre els sorolls de música i la remor de la gentada, passen les hores d'aquesta nit. I en arribar la claror del dia hi ha en els rostres una blancor insòlita. Alegre i tot, la nit de Sant Joan és una nit perduda per als qui volen aprofitar-la enterament. En els rostres i en el moviment d'homes i dones apareixen molt marcats els senyals de la fatiga, que és el preu d'una alegria forçada, obtinguda contra l'imperi reposador de la nit.

Fan bé aquells qui, després de guaitar la ciutat envermellida per la claror de les fogueres, renuncien a esperar l'alba que s'acosta. L'encís de la nit de l'alegria, el trobem en les seves primeres hores. Més tard, el cansament és el càstig de la disbauxa. La nit de Sant Joan té un epíleg trist per als qui saluden el sol sense haver aclucat els ulls. Perdre la nit és perdre l'alegria que la nit no pot donar. Qui espera, després de la revetlla, la llum del dia, veu l'espectacle punyent dels petits munts de cendra que ocupen el lloc de les grans fogueres resplendents.

Festa major

Mare de Déu d'Agost, festa onomàstica de nombrosíssimes Maries, festa major de nombrosíssims pobles, viles i ciutats. Aquesta és una altra de les grans festes de l'any. Se celebra dins la intimitat de les famílies i en el públic enrenou de places i carrers. S'ha dit que el dia 15 d'agost és la festa major de la meitat de Catalunya. La veritat és que aquest dia és el de més festes majors damunt la nostra terra.

Si haguéssim de parlar de les festes majors segons el nostre gust personal, no en parlaríem massa bé. En general, les festes públiques rutinàries no ens plauen gaire. No sabem avenir-nos a la idea de les alegries organitzades prèviament amb programa estricte i detallat. Això ve a ésser, a l'engròs, allò de: «Avui ens divertirem!» La diversió i l'alegria vénen quan vénen, i no deixen caçar-se pels programes de les comissions de fires i festes. Ens plau molt més la festa familiar que no pas la festa de tothom. La festa major té un cert aire d'alegria obligatòria.

Però nosaltres no som dels qui volen que tothom sigui com ells. Comprenem que hi hagi gent –i bona, i honesta, i respectable gent– que es diverteixi d'acord amb el programa oficial de les festes i de les fires. Comprenem que hi hagi sarauistes que segueixin les festes majors en llurs números ballables de sales i envelats. Comprenem el costum d'anar a festa major, que és un dels costums tradicionals. I ho comprenem sobretot en els pobles petits i en les viles silencioses. La gatzara de la festa major ve a ésser una compensació de les llargues quietuds de l'anyada que ha passat entre les feines i els ocis.

Hi ha alguna cosa d'infantil en l'alegria de les festes majors. Són els infants i el jovent els qui més les celebren i aprofiten. El programa de les festes sembla fet per a les criatures i els jovençans. Prou coneixem el patró d'aquests programes, que comencen amb el repic general de campanes i l'espetec dels morterets; vénen després del solemne ofici, l'eloqüent panegíric, el repartiment de premis, les funcions de gala, els balls de societat, les ballades de carrer, els cóssos i les processons; surten els gegants i patums i mulasses i nans, allí on n'hi ha; toquen, estridents, les gralles; i com a fi de festes, el gran castell de focs.

Si nosaltres, personalment, no ens divertim en les festes majors, tampoc no ens molestem perquè els altres s'hi diverteixen. Tanmateix, potser fóra convenient de renovar els programes, encara que calgués prescindir de certs números tradicionals. Confessem, però, que no ens considerem aptes per a redactar un projecte de reforma. D'altra banda, la part d'encís que trobem en algunes festes majors és la part d'arcaisme i de pintoresc que contenen.

No ens diu gaire cosa la festa major. No ens commou el brogit festiu de centenars de pobles i poblets, viles i viletes. En la diada del 15 d'agost, el millor de tot és el dolç nom de Maria. Nom que ve de les llunyanies de la geografia i de la història, nom d'origen exòtic i vell, que ha esdevingut, però, propi i jove i clar. El nom de la Mare de Déu no és igualment eufònic en totes les llengües. En totes, això sí, té la mateixa claredat suau. I en les llengües peninsulars, a la claredat s'afegeix la incomparable eufonia d'aquest mot, on hi ha les més pures gràcies i les més altes virtuts de la feminitat.

Segona primavera

Comença una segona primavera de l'any en aquest mes de setembre, quan han caigut les pluges damunt els camps ressecats per l'agost i quan els matins ja fresquegen. La tardor ha estat també anomenada primavera d'hivern; però el nom és paradoxal. Per conèixer el que és primavera heu de fixar-vos, sobretot, en la florida per garrigues i boscos, en el reviscolament general de la vegetació.

I és això el que veieu aquests dies. L'aigua del cel ha escampat el seu miracle damunt la terra, i les herbes místigues i grogues i els arbres que ja presagiaven la caiguda de les fulles, es rejoveneixen. És una segona joventut, breu i dolça. Aviat vindrà la tardor, capvespre de l'any, decadència de la vida, i després la llarga hivernada despullarà plantes i conreus. Mentrestant, les pluges de setembre han rentat el fullatge, han fet reverdir els prats, han poblat altre cop d'herba tendra la catifa dels boscos, i han fet esclatar, abundants, les flors blaves del romaní.

I ara que la terra és més bella que en els mesos d'estiu; ara que l'aire és més clar, i al lluny són més retallades les siluetes de les muntanyes, hi ha estiuejants, que, víctimes d'un pànic risible, fugen amb pressa de llurs residències temporals. Si us trobeu en un lloc d'estiueig, comprovareu la retirada dels habitants de ciutat. Les tempestes els han esporuguit, i diuen amb esglai que el fred els obliga a posar al llit les flassades. Temen que l'hivern els caigui al damunt, i que vingui un rengle de dies ennuvolats, i que nevi en l'alt planell o en els vessants de la serra.

Oh, vana alarma! La segona primavera és el temps millor de l'any per viure a fora. La retirada només és lògica a les platges, on la mar, agitada pels temporals, perd la suavitat de l'estiu. Però terra endins o muntanya amunt, la segona primavera té tots els avantatges de l'estiu i no té cap dels seus inconvenients. Si sou caminadors, ja no heu de témer l'angúnia de la transpiració. Si us plau de contemplar els paisatges, els veureu sense el tel de les boirines.

Francesc Eiximenis va escriure en el seu llibre del *Regiment de prínceps*, que el bon temps per anar a fora és l'hivern i no pas l'estiu. Hom trobarà paradoxal aquesta tesi. Però entre les coses que diu Eiximenis, n'hi ha força que són veritat. Molts dels encisos del camp i de la muntanya queden amagats o atenuats durant l'estiuada. Costa i Llobera no amava l'estiu, estació que qualificava de caduca. A ell li agradaven més les llargues vetlles de l'hivern sota la llàntia concentrada de l'estudi, que no pas els llargs dies de l'estiu, dispersos i mal aprofitats. Sense compartir totalment les teories d'Eiximenis ni les preferències de Costa i Llobera, també nosaltres formulem les nostres reserves pel que fa a les condicions de l'estiu, que passa de la fecunditat a la caducitat.

I si haguéssim de triar un temps de l'anyada, triaríem la segona primavera que comença després de les pluges de setembre i que acaba pels voltants de Tots Sants. Entre la xafogor de la canícula i la tristesa de la tardor hi ha aquest intermedi en què les plantes són més verdes i el romaní es vesteix novament de blau.

Les coses perdurables

A través de la piadosa commemoració dels fidels difunts, la nostra societat practica el culte de les coses perdurables. Només és mort allò que és oblidat per tothom i per sempre. I en la diada d'avui, el record encén les seves lluminàries entorn de les cendres i de les ombres. El record és la prolongació espiritual de les vides materialment extintes.

Per això la diada dels morts, en lloc de presentar davant els nostres ulls la visió del no-res, ens mostra la realitat de les coses perdurables. Qui no veu, per damunt dels ossos i de la pols i del fum que s'esvaeix, l'afirmació de la vida perenne? Qui no s'adona del llaç misteriós i fortíssim que uneix les generacions d'avui amb les d'ahir i les de demà? Qui no veu el gran riu en la renovació de l'aigua que passa incessantment?

La vida és un somni, una il·lusió, diuen els pessimistes antics i moderns. Seria molt més just de dir que somni i il·lusió és la mort. El concepte de la mort, essencialment humà, no correspon a la realitat del món. És un terme figurat, relatiu. Les transformacions, els canvis, no sols no són la mort, ans encara són la llei i el ritme de la vida.

Quan els homes dediquen llurs pensaments als morts i a les coses passades, donen prova de la perdurabilitat de la vida. Cauen i desapareixen les vides individuals i les coses temporals; i es mantenen les coses perennes que donen unitat al món, caràcter a les races, puixança als pobles, personalitat als individus.

Si abracem amb la mirada el curs dels segles, no els veurem com un immens fossar, ans com un camp en constant renovació. Moltes coses s'han esvaït: accidents, formes, modalitats, episodis. Però, quantes altres coses perduren, invencibles!

El senyal de la substantivitat, en el món dels homes, és la perduració. Tot allò que perdura és substantiu, és viu. I és risible la vanitat de les coses passatgeres que, en un moment donat, es pensen que han destruït les coses perennes.

Les coses mortes són les que mai no han existit en profunditat: les ficcions, els enlluernaments, els reflexos simuladors de la llum vera. Tot allò que neix, viu i perdura en la successió dels seus estats. Només hi ha altra mort en la no-naixença.

La vida té en ella mateixa la seva raó i la seva justificació. Totes les negacions no poden desfer-la. Les veus buides no poden matar, ni ferir, ni sotragar les coses perennes, riques de vida, invulnerables en llur essència.

Pels morts corporals que viuen en el record nostre, per les coses perennes que viuen en la sang i en la terra, és feta aquesta anual diada de recolliment piadós. Commemoració dels fidels difunts... Oh, mots de sentit vivíssim! La fidelitat és el secret de la salvació de les ànimes...

Senyor Hivern s'ha presentat

Un dels recursos clàssics dels periodistes quan no tenen gaires temes de què tractar és el de parlar del temps. Sovint el lector, en veure que un escriptor parla del temps i dels seus canvis, es posa en guàrdia: «Bo!», pensa; «aquest periodista no sabia de què fer mànigues». Tanmateix, nosaltres trobem que el temps és un tema com qualsevol altre, i en alguns casos no sols és un pretext per a omplir unes quantes quartilles, sinó que fins constitueix una viva actualitat.

Des d'abans-d'ahir a la tarda el temps, a casa nostra, és una legítima actualitat periodística, i la prova és que els diaris d'ahir al matí i els diaris d'ahir al vespre, que estan una mica atents al que passa al carrer, publicaren solts a propòsit del temporal de vent que es desencadenà. De sobte, la gran ventada esqueixà i esmicolà els núvols del cel i es posà a xiular amenaçadorament pels camps i pels carrers. Va fer caure parets i va tombar fumeres. Hi ha un crit de llegenda i de misteri en el soroll del vent i en el de les coses que cauen sota el seu cop.

Però l'observador una mica sobtat comprenia que en aquest cas no es tractava d'un canvi de temps vulgar. Allò no era simplement un huracà: era l'arribada de l'hivern amb tots els honors i amb tot l'acompanyament tradicional. Fins aleshores havíem estat en el migtemps. La ventada ens féu saber que l'hivern ha començat. Ja sabem que les estacions no segueixen amb gaire fidelitat les indicacions convencionals del calendari.

Senyor Hivern s'ha presentat. Heu-vos-ho ací. No té res d'estrany. Generalment, la presentació d'aquest cavaller, que ja neix vell i barbablanc, té lloc el mes de novembre. No hi fa res que el calendari no posi l'esdeveniment fins el dia 21 de desembre. Cap allà a

Tots Sants acaba la primavera d'hivern; i des d'aquell moment cal esperar l'arribada de l'hivern en persona. I no hi fa res que, quan ja tenim l'hivern entre nosaltres, hi hagi encara bons dies de sol tebi, i fins hi hagi l'estiuet de sant Martí. Això ja només són clarianes, oasis, interinitats. Davant nostre tenim l'hivern amb la seva bufada, entremig de la pluja, el vent i el ventpluig.

Ara ja no diem «fa fresca». Ara diem «fa fred». Entre la fresca i el fred la diferència és molt notable. No és encara el fred intens, el fred que podríem anomenar termomètric. És un fred passador, elegant, que ens fa tancar els balcons de casa i ens fa posar l'abric quan sortim al carrer.

Aquestes últimes nits bé prou que es notava a la Rambla la presència de Senyor Hivern. Les dues columnes de vianants que pugen i baixen s'han esclarissat visiblement. Ja no hi ha aquells grumolls de multitud. Si fóssim amics dels termes tècnics de l'estadística, diríem que a la Rambla hi ha menys vianants per metre quadrat. I la gent que ha desaparegut del carrer, la trobareu dins dels cafès, bars, xocolateries i societats. Senyor Hivern és una mena de policia urbà que diu als vianants: «Circulin, senyors.» I la gent va més de pressa, s'atura menys, té més tendència a cercar aixopluc i recer en els interiors suaus.

Però encara hi ha una cosa més forta que l'hivern, i és la passió del futbol. Quan ahir, des del tramvia fèiem aquestes observacions ciutadanes, ens adonàrem, al capdamunt de la Rambla, que davant de Canaletes hi havia un grumoll de multitud: eren els minyons futbolistes que feien comentaris i sostenien discussions indiferents a la presència de l'hivern tot just arribat i menyspreadors de l'ímpetu de la ventada.

Decoració de Nadal

Hem deixat aquest matí Barcelona amb el seu vel de boirina i amb els carrers mullats de la humitat, i al cap d'alguns minuts entràvem, dalt del tren, en un paisatge suau i lluminós. Després del llarguíssim rengle dels dies ennuvolats i plujosos, inclements i freds, el cicle nadalenc ens ha dut una temperatura manyaga i un cel amb clarianes. Sota la claredat del bon dia d'hivern, el nostre paisatge és una delícia per als ulls. Ens hem abocat als amples finestrals del tren exprés i ens hem posat a guaitar l'espectacle.

No pensàvem en Nadal, i la visió del paisatge ens hi ha fet pensar. Cada època de l'any dóna al paisatge particulars matisos. Segons l'estat meteorològic, la terra, el cel i l'aire prenen un aspecte característic i distint. En el paisatge d'avui hi hem trobat una especial semblança amb els pessebres. Segons com, aquesta comparació significa un menyspreu pel paisatge. Sovint, quan comparem l'obra d'un pintor o d'un escultor amb un pessebre, ho fem en un sentit francament pejoratiu. Però no és aquest el sentit que donem ara a les paraules nostres.

A l'hivern, després d'uns dies de pluja, en tornar el bon temps, la humitat que encara impregna la terra comunica al paisatge un cert encartronament, una tensió de línies i una rigidesa de formes que ens causen la sensació de la immobilitat. Aquesta sensació, la teníem aquest matí en guaitar el paisatge del Baix Llobregat, del Penedès marítim i del Camp de Tarragona. A mesura que ens acostàvem a la ciutat imperial, es feia més blau el cel, més diàfan l'aire, més vius els colors del paisatge. Els recs lents i les basses immòbils ens recordaven els ingenus artificis del pessebre: la cinta de paper de plata i el vidre pla...

Heu-vos ací una decoració de Nadal. Sense ésser pessebristes, comprenem, a través del paisatge viu, l'encís dels pessebres artístics. Les imitacions en miniatura del paisatge que hem descrit reprodueixen fins a cert punt les meravelles de la decoració natural.

En cap altra època de l'any el paisatge no pren aquest aspecte. Hi ha, doncs, un paisatge particular dels dies nadalencs, una decoració de Nadal.

El paisatge que hem vist avui era, en aquest sentit, perfecte: el sol, d'or pàl·lid; l'oreig, bla i tebi; la mar amansint-se després de la crisi del temporal furient, i en el cel les clapes blanquíssimes d'aquests núvols de Nadal manyacs, sense malícia, que Joan Maragall va cantar.

En la vigília de Nadal, el paisatge ens ha ofert una adequada decoració nadalenca. Claror, suavitat i una certa lentitud del ritme de la vida, són característiques de la festa de Nadal i dels dies que la circumden. Si en aquest temps de l'any el paisatge és verament nadalenc, el Nadal es fa més ple, més complet, més feliç. Felices festes, companys i amics, enmig de la decoració nadalenca de la nostra bella terra.

Nadal

Quina bella ressonància la del mot Nadal en la llengua nostra! Ens sembla una ressonància més clara i més musical i més adequada que la dels mots corresponents de les altres llengües. Totes les idees i tots els records que la festa de Nadal suscita i desvetlla dins nosaltres troben una expressió meravellosament sintètica en les dues síl·labes d'aquest mot català: Nadal.

Les festes, quan esdevenen populars, quan entren verament dins la tradició dels pobles, es despullen de la significació originària i prenen un sentit perenne. Els fets històrics i els llegendaris s'esborren o s'emboiren en la consciència de la gent a mesura que el temps passa. I la festa commemorativa es transforma en l'ànima popular, es fa sang del poble i es converteix en símbol dels sentiments humans. La festa de Nadal té, a més dels seus antecedents pagans i de la celebració cristiana, el gran valor universal de festa de la llar.

En aquesta diada d'hivern, el bon foc crema a les llars íntimes dins el clos de les famílies. I tant com és noble i alt l'amor de la família, és noble i alt l'amor a la justícia social, que ens fa voler per a tots els homes els gaudis de la vida digna. Les injustícies són més punyents en els dies i en les hores de recolliment a l'interior de les cases i a l'interior de les ànimes.

Nadal... Oh, expressivitat de la llengua nostra! No us adoneu que aquest mot té un to hivernal i un ressò de campana joiosa, i un aleteig de records llunyans, i una virtut evocadora de contes i de somnis?

Aquest mot suau i sonor és com una vibració d'alegria íntima en l'aire fred. Mot bo per a dir a mitja veu, mentre al carrer i al camp el fred és viu, i crepita discretament el foc de flames, i batega dolçament el cor humà.

La festa de Nadal és una treva per als homes de bona voluntat. Treva curta que tots hem d'aprofitar per a retrobar-nos i afirmar-nos nosaltres mateixos, com a homes, com a fills d'un poble, com a lluitadors d'una idea. L'alegria de Nadal és més intensa segons sigui més eficaç la feina fins avui i segons sigui més forta la voluntat per la feina a fer demà.

Nadal és la festa de la llar. No hem de voler destruir la festa ni destruir la llar. Però hem de voler que la festa pugui ésser per a tothom; hem de voler que la llar sigui ben ampla, i que hi hagi un foc encès per a la família, un foc encès per al poble, un foc encès per als sentiments que són comuns a tots els homes, per damunt les famílies i els pobles i les races del món.

Cal que l'home passi, en el curs de l'any, dies d'esforç i de lluita, hores d'exaltació i d'apassionament. Cal també que tingui la treva de les bones festes. Una treva breu, però intensa. Una treva que ens mostra i ens fa estimar el que hi ha de més íntim i generós en la vida humana.

El fred de Nadal

Joan Maragall va cantar els Nadals ennuvolats, amb aquells núvols que deixen passar el sol a l'hora de la posta i que a la nit s'esquincen per donar pas a la claror d'algun estel. En els Nadals ennuvolats, la intensa blanor de la festa cristiana s'estén pel paisatge. Però hi ha també els Nadals freds, serens, amb el sol daurat damunt el glaç del matí, i amb els estels clars i lluents damunt la nit glaçada. El Nadal d'enguany és de fred viu, i així la blanor nadalenca es reclou a la llar.

Si la virtut de Nadal és dintre la llar encesa i al voltant de la taula filial, el fred afavoreix el Nadal íntim. Quan a fora el fred és viu, i l'aigua es fa vidre, i l'aire talla, els interiors domèstics ens donen, per contrast, la sensació del benestar. Les flames dels tions pairals són aleshores més ardents i més pures.

No blasmarem els Nadals ennuvolats que enamoraven el poeta. Sabem estimar els núvols benèvols que semblen coixins sota la volta del cel. La natura és bella en els seus múltiples aspectes. Però si nosaltres haguéssim de triar, triaríem els Nadals freds, de cel límpid, amb el paisatge detalladament dibuixat per la transparència de l'aire.

El fred de fora, no sols ens fa estimar més la roentor de les flames i la taula plena, ans encara estimula la nostra acció i ens enforteix el cos i l'ànima. El fred és un enemic que ens ajuda. Els homes estaríem massa decantats a caure en la flonjor de la vida còmoda, si els cops adversos no ens fessin mantenir en actitud de guàrdia i de combat.

Els hiverns freds i els Nadals de gebre i glaç i neu són senyal de bona anyada. Hi ha una alegria rica d'esperança en els interiors il·luminats on es reuneix la família dispersa, on es retroben els homes de la mateixa sang i de la mateixa parla. En l'esquerpa bellesa dels Nadals freds hi ha un augment de delícies i de força per a les llars recollides. I mentre les estrelles nadalenques tremolen en el cel de la nit miraculosa, les llànties de la taula són més clares, i les flames de la llar són més vermelles.

Els cors s'enforteixen tant en la fredor de l'aire lliure del defora com amb l'escalfor de l'aire reclòs del casal. No és bo el fred persistent, ni és bona la tebior llarga. Els contrastos i els desnivells de la vida formen part del secret de la vida mateixa. Bon temps i mal temps, prosperitat i adversitat, joia i dolor, són part del ritme de la vida humana. I destruir el ritme seria destruir la vida mateixa. El ritme és una part insubstituïble de l'ànima dels éssers.

Benvingut, doncs, el fred de Nadal! Si un any ens sentim protegits pels núvols benignes, un altre any ens sentim estimulats per la nuesa del cel ras. Mentrestant, guaitarem la dansa de les flames en la llar, escoltarem la crepitació de la llenya amiga, trobarem l'esguard dels ulls estimats i sentirem dins la llar tèbia, voltada per la gran fredor de Nadal, el batec dels cors que no es refreden.

La llar encesa

Nadal és, en el món cristià, la festa major de la llar. És una festa reclosa, íntima. Els homes la celebren principalment de portes endins. Quan passen pel carrer els vianants, i en l'aire de la nit sonen les veus i les vagues musiques, aquest soroll no destorba el recolliment interior, ans rima amb la decoració de la casa nadalenca.

De vegades pensem que els filòsofs, els historiadors i els polítics no han donat a l'interior de les cases tota la transcendència que té en la vida del món. Hi ha hagut tendència a atribuir una importància predominant a l'exterior, a les vies de les ciutats, als llocs públics i solemnes, als camps oberts i lliures. S'ha vist passar la història per fora de les cases familiars. I sovint s'ha oblidat que una gran part de la història s'ha fet i es fa en els interiors resguardats de vents i de pluges i d'esguards hostils i d'estranyes intervencions.

L'home es decanta a donar per inexistents o per poc importants aquelles coses que ell no té sempre davant els ulls. Si els sentiments i les idees surten per carrers i camins i esclaten en les assemblees d'escollits o en l'aplec de les multituds, fan la sensació de la força i de la vida. Si aquests sentiments i aquestes idees es recloen a l'interior de les cases, els poc perspicaços poden creure que s'han esborrat o s'han esvaït.

En bona veritat, no existeix cap lloc del món que tingui tanta transcedència en la vida dels pobles com l'interior de les cases. Allí hi ha les flames més pures i més duradores. No us heu fixat en la significació profunda que té aquest mot català, «llar»? El foc pairal designa així tot l'interior de la casa. I és que l'essència de la casa no és a les sales amples, a les cambres xiques, ni als rebostos i cellers, ni a les portes i finestres i balcons: l'essència de la casa és a la llar, en el foc que crema, mig flama mig caliu.

Per què hem de donar un sentit pejoratiu al mot «casolà»? L'amor a la casa, a la llar, no és pas l'expressió d'un egoisme individual o familiar, no representa la modèstia espiritual ni la separació respecte als altres homes. La casa és un permanent dipòsit de virtuts humanes. I aquestes virtuts, enceses en la llar, irradien després a l'exterior, a les grans vies públiques, a les assemblees nombroses, a la vida de relació entre els homes i entre els pobles.

Creiem que l'elevació moral del món ha de sortir de la llar. Els homes que no porten a l'ànima la flama de passió i el caliu d'afectes que la llar dóna, no poden obrar noblement i generosament en la vida social. Qui estima l'interior de la casa estima la ciutat, la terra, la gent que s'hi mou, el bé de Déu que s'hi cria. Difícilment portaran al món un esforç de millora, de bondat o de bellesa, aquells homes que tinguin la llar apagada.

Nadal és la festa major de la llar. En aquest dia, com en tots els altres dies, ens adonem de les misèries i de les desigualtats humanes; però no per això queda enlletgida l'egrègia festa. Si la llar de Nadal no crema per a tots els homes ni per a tots els pobles, si la taula familiar no s'omple universalment de bones viandes i de bons vins per al cos i per a l'ànima, cal que els homes de bona voluntat s'esforcin per corregir les injustícies i les desigualtats. La vida de la Humanitat és una perpètua lluita, i l'única manera de dignificar la lluita ineludible és donar-li com a idea i com a orientació els sentiments de justícia, que són una resplendor divina que albirem a través de l'aspra realitat de la terra.

Procedència dels articles*

Paisatges i Marines

Conreus de Catalunya (*LP*, 14-V-1925); Solcs i ruïnes (*LP*, 27-VIII-1924); L'hora lleu (*LP*, 17-VIII-1924); Els marges vells (*LP*, 25-II-1926); Els tambors dins la pedrera (*LP*, 8-I-1928); L'aigua esperada (*LP*, 22-IV-1927); Elegia de la vinya (*LP*, 25-VI-1925); Saltant d'aigua (*LP*, 30-VI-1926); El rec clar (*LP*, 29-V-1927); Les soledats de Siurana (*LP*, 7-VIII-1927); Vila de Prades vermella (*LP*, 27-VIII-1927); El Canigó (*LP*, 8-I-1924); Temporals de terra i mar (*LP*, 18-IX-1923); Els camins d'aigua (*LP*, 29-XII-1923); Gent de mar (*LP*, 12-VII-1927); Els fanals de la mar (*LP*, 17-VII-1927).

Botànica i Zoologia

Les oliveres (*LN*, 4-X-1928); Els garrofers (*LP*, 21-VII-1926); Els noguers (*LN*, 4-X-1928); Les figueres (*LP*, 7-VII-1926); Les atzavares (*LP*, 14-XI-1926); L'espígol (*LP*, 20-VIII-1925); Les cireres (*LP*, 4-X-1928); Els préssecs (*LP*, 28-VII-1927); Les roses (*LP*, 23-IV-1926); Els clavells (*LP*, 9-VI-1928); Els grills (*LN*, 4-X-1928); Els llagostos (*LP*, 12-VI-1926); Els borinots (*LP*, 14-VII-1926); Els espiadimonis (*LP*, 17-VII-1926); Les cuques de llum (*LP*, 11-VII-1925); Les orenetes (*LP*, 15-VII-1925); Els gripaus (*LP*, 17-XII-1926); Els galldindis (*LP*, 23-XII-1926).

---

* *LP= La Publicitat; LN= La Nau; T= Tarragona*

CIUTATS I OFICIS

L'home de ciutat (*LP*, 27-I-1928); L'engrandiment de la ciutat (*LP*, 6-II-1925); Els carrers plens (*LP*, 3-I-1928); La multitud dins l'estadi (*LP*, 8-V-1928); Elogi del carrer de la Boqueria (*LP*, 13-II-1924); Les cases velles (*LP*, 25-I-1924); Les ciutats catalanes (*LN*, 30-XI-1929); Girona, l'íntima (*LP*, 24-VII-1923); Les ciutats del Camp (*LP*, 24-X-1926); Tarragona, la blava (*T*, 15-X-1920); Ciutat de Valls (*LN*, 31-I-1929); Comtal ciutat de Balaguer (*LP*, 31-X-1922); Psicologia dels vianants (*LP*, 5-VII-1927); Fonts de vila (*LN*, 16-IV-1929); «Sigueu mestre de cases» (*LP*, 21-VII-1928); L'ofici hereditari (*LP*, 17-VIII-1927); L'Escola de boters (*LP*, 25-VI-1924); Els nostres aprenents (*LP*, 26-VI-1924); Necrologia d'un pescador (*LN*, 9-IV-1929).

DIADES DE L'ANY

Les fites il·lusòries (*LP*, 1-I-1926); L'any i l'home (*LP*, 1-I-1928); Els Joseps (*LP*, 19-III-1927); Les diades que tornen (*LP*, 1-IV-1928); Elogi de la palma (*LP*, 28-III-1926); El silenci en la ciutat (*LP*, 14-IV-1927); Les campanes (*LP*, 4-IV-1926); Nit de Sant Joan (*LP*, 24-VI-1927); La multitud en festa, per Sant Joan (*LP*, 24-VI-1928); Festa major (*LP*, 14-VIII-1927); Segona primavera (*LP*, 11-IX-1927); Les coses perdurables (*LN*, 2-XI-1929); Senyor Hivern s'ha presentat (*LP*, 11-XI-1927); Decoració de Nadal (*LP*, 25-XII-1927); Nadal (*LP*, 24-XII-1928); El fred de Nadal (*LP*, 25-XII-1926); La llar encesa (*LP*, 25-XII-1924).

ÍNDEX

Nota editorial 7
«Ensems sentia la vocació literària», per *Joaquim Molas* 9

TEATRE DE LA NATURA

Pròleg confidencial 19
Pròleg de la segona edició 21

Paisatges i Marines

Conreus de Catalunya 29
Solcs i ruïnes 31
L'hora lleu 33
Els marges vells 35
Els tambors dins la pedrera 37
L'aigua esperada 39
Elegia de la vinya 41
Saltant d'aigua 43
El rec clar 45
Les soledats de Siurana 47
Vila de Prades vermella 50
El Canigó 53
Temporals de terra i mar 55
Els camins d'aigua 57
Gent de mar 59
Els fanals de la mar 61

Botànica i Zoologia

Les oliveres	65
Els garrofers	67
Els noguers	69
Les figueres	71
Les atzavares	73
L'espígol	75
Les cireres	77
Els préssecs	79
Les roses	81
Els clavells	83
Els grills	85
Els llagostos	87
Els borinots	89
Els espiadimonis	91
Les cuques de llum	93
Les orenetes	95
Els gripaus	97
Els galldindis	99

TEATRE DE LA CIUTAT

Ciutats i oficis

L'home de ciutat	105
L'engrandiment de la ciutat	107
Els carrers plens	110
La multitud dins l'estadi	112
Elogi del carrer de la Boqueria	114
Les cases velles	116
Les ciutats catalanes	118
Girona, l'íntima	120
Les ciutats del Camp	122
Tarragona, la blava	125

Ciutat de Valls	127
Comtal ciutat de Balaguer	129
Psicologia dels vianants	131
Fonts de vila	133
«Sigueu mestre de cases»	135
L'ofici hereditari	137
L'Escola de boters	139
Els nostres aprenents	141
Necrologia d'un pescador	143

Diades de l'any

Les fites il·lusòries	147
L'any i l'home	150
Els Joseps	152
Les diades que tornen	155
Elogi de la palma	157
El silenci en la ciutat	159
Les campanes	161
Nit de Sant Joan	163
La multitud en festa, per Sant Joan	165
Festa major	167
Segona primavera	169
Les coses perdurables	171
Senyor Hivern s'ha presentat	173
Decoració de Nadal	175
Nadal	177
El fred de Nadal	179
La llar encesa	181

Procedència dels articles ... 183